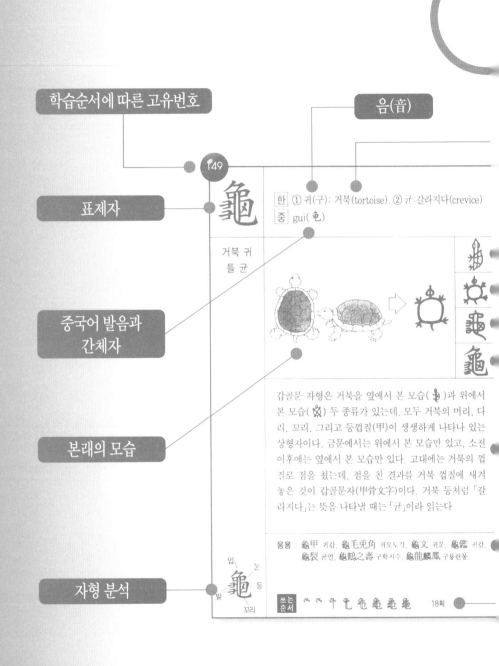

학습순서에 따른 고유번호

음(音)

표제자

중국어 발음과
간체자

본래의 모습

자형 분석

149

龜

한 ① 귀(구): 거북(tortoise). ② 균: 갈라지다(crevice)
중 gui (龟)

거북 귀
틀 균

갑골문 자형은 거북을 옆에서 본 모습(🐢)과 위에서 본 모습(🐢) 두 종류가 있는데, 모두 거북의 머리, 다리, 꼬리, 그리고 등껍질(甲)이 생생하게 나타나 있는 상형자이다. 금문에서는 위에서 본 모습만 있고, 소전 이후에는 옆에서 본 모습만 있다. 고대에는 거북의 껍질로 점을 쳤는데, 점을 친 결과를 거북 껍질에 새겨 놓은 것이 갑골문자(甲骨文字)이다. 거북 등처럼 「갈라지다」는 뜻을 나타낼 때는 「균」이라 읽는다

응용 : 龜甲 귀갑, 龜毛兔角 귀모토각, 龜文 귀문, 龜鑑 귀감, 龜裂 균열, 龜鶴之壽 구학지수, 龜龍麟鳳 구룡린봉.

입 눈 등
龜
발 꼬리

쓰는 순서 ⺈ ⺈ ⺈ 龜 龜 龜 龜 龜   18획

비봉 한자 학습법(1)

(개정판)

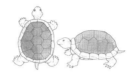

뿌리를 찾아 원리를 이해하는

비봉 한자 학습법(1)
(개정판)

박 기 봉 저

비봉출판사

개정판 서문

〈비봉 한자학습법〉은 한자 2,000자를 한자 학습의 난이도와 사용빈도 등을 감안하여 8단계로 나누고, 각 단계마다 한 자 한 자의 학습 순서를 유기적으로 배열함으로써 한 자(字)를 이해하고 나면 다음에 소개되는 자(字)는 이미 반을 이해하고 있는 그러한 체계로 고안된 〈한자학습법〉이다.

이러한 의도와 체계로 저술된 〈비봉 한자학습법〉의 제 1단계와 제 2단계가 세상에 나온 지 벌써 10년이란 세월이 지났다. 처음 출간된 이후 많은 사람들로부터 큰 호평을 받아 왔다. 무엇보다 유치원 학생과 초 · 중학생과 대학생이 공통으로 교재로 삼아 공부하였다는 것이 이 책의 가장 큰 특징일 것이다.

유치원생에게 이 책을 교재로 하여 한자 공부를 가르친 선생님이 들려준 경험담에 의하면, 유치원 아이들이 한자를 이렇게 쉽게 이해하고 기억할 수 있으리라고는 상상도 못했다면서 너무 신기하다고 했다. 그리고 몇 달 후에는 이미 1, 2단계를 다 가르쳤는데 왜 빨리 다음 단계의 책을 계속 펴내주지 않느냐고 독촉하였다.

한 고등학교에서 국어 과목을 가르치는 선생님은 전화를 하여, 지금까지 학생들에게 한자 교육을 해왔으나 학생들에게 한자는 항상 배우기 어렵고 배워도 금방 잊어버리는 것이 당연한 것처럼 여겨져 왔는데, 이 책을 교재로 삼아 가르친 결과 학생들은 한자를 쉽게 이해할 뿐만 아니라 오랫동안 기억하게 되더라고 빨리 다음 단계를 출판해 달라고 요구하였다. 그리고 국내 다수 대학에서는 이 책을 〈문자학(文字學)〉 교재로 삼았다.

그러나 다음 단계들의 원고를 탈고해 놓고 저자는 고민에 빠져들었다. 제 1, 2단계와는 달리, 다음 단계로 갈수록 한자의 난이도와 사용 빈도, 그리고 한자 학습순서의 배열 간에 유기적인 관련이 줄어들었고, 또 앞으로 나아가기 위해서는 제 1단계와 2단계에서 설명한 한자의 이해와 암기를 전제로 하는데, 그것이 별도의 책에 나뉘어 담겨 있다는 불편함과 한계도 드러났다.

이 문제를 고민하고 있는 사이 개인적으로 우선 하지 않으면 안 될 여러 가지 일들이 생겨났다. 그 중의 한 가지가 바로 우리나라 역사의 악의적인 왜곡을 바로잡는 것과 관련이 있는 것이었다.

〈비봉한자 학습법〉의 다음 단계의 출판을 중단한 채 그간 시간과 공력을 들인 작업의 결과물은 〈조선왕조실록〉과 〈징비록〉, 〈난중일기〉 등 관련 모든 원전의 내용들 중에서 이순신 관련 내용들을 뽑아 번역한 후 시간 순으로 정리한 〈충무공 이순신 전서〉(전 4권)의 출판과, 한문과 고문으로 되어서 현대인들이 읽을 수 없게 되어 있던 단재(丹齋) 신채호(申采浩) 선생의 〈조선상고사〉와 〈조선상고문화사〉를 현대문으로 옮겨 출판한 것이다.

이런작업을 마치고 난 후 저자로서는 〈비봉한자학습법〉의 완성은 이제 더 이상 미룰 수 없는 최우선의 과제가 되었는데, 현재 기존의 제 1, 2단계의 그 기본체제는 유지하되 설명 방식이 많이 달라지고 확장된 형태로 작업을 하고 있는 중이다.

이런 상태에서 최근 한자 학습에 대한 수요가 크게 늘어나고, 따라서 이 책에 대한 수요도 크게 늘어나고 있는 현실을 감안하여 우선 본서의 개정판부터 내놓기로 했다. 본서에서 다루고 있는 5백 개의 한자들은 약 2백 개의 부수자가 포함된 한자 학습에서 가장 중요한 기초를 이루는 것들이며, 따라서 이 5백 개의 한자를 완전히 이해하는 것은 보통의 한자

학습방법으로 한자 1천 자 이상을 외우고 있는 것보다 한자 실력을 더 크게 해줄 수 있는 것들이므로, 우선 초판에서 설명이 미진했거나 부정확한 것들을 수정하고, 또 각 한자의 중국어 발음과 일본어 발음, 사자성어의 중국어 발음을 넣음으로써 학생들이 장차 중국어와 일본어를 공부하는 데도 도움이 되게 하였다.

끝으로, 가능한 한 일찍부터 한자를 배우는 것은 국어는 물론이고 중국어나 일본어 등 외국어 학습에, 그리고 초·중·고 및 대학에서의 모든 과목의 학습에 큰 도움이 된다는 점을 거듭 강조해 둔다.

2008년 10월
박기봉

머 리 말

이 책은 "한자는 배우기 어렵다"는 많은 사람들의 인식과는 달리, "한자는 그 학습 방법만 옳으면 한글보다도 더 쉽고 재미있게 배울 수 있다"는 필자의 체험을 많은 사람들과 공유하기 위해서 썼다.

한글은 자음과 모음을 조합할 정도의 논리적 사고능력이 갖추어진 후에야 학습이 가능하지만, 한자는 그 바탕이 상형(象形), 즉 모양을 본뜬 그림이기 때문에, 한자를 최초로 만든 사람이 본따서 그렸을 대상을 그림으로 보여 주고 그것이 지금처럼 변해 오는 과정을 설명해 줄 수 있다면, 누구나 그것을 직관적으로 쉽게 이해할 수 있다.

본인은 갑골문자(甲骨文字)와 금문(金文)을 공부하면서, 비록 극도로 단순화되고 추상화되어 불과 몇 가닥의 선(線)으로만 표현되고 있긴 하지만, 그 살아 숨쉬는 듯한 생생한 모습에 반하여, 그리고 그 옛날에 이미 복잡한 사물의 핵심을 그토록 날카롭게 추상화해 낸 그들의 지적 능력에 반하여, 그것을 남들에게도 보여주고 싶은 마음에 안절부절 못한 적이 많았다.

이제 본인의 이런 마음과, 지난 1세기 동안 고문자(古文字) 연구에 많은 업적을 쌓은 중국과 일본의 저명한 고문학자(古文學者)들의 연구성과를 대부분 결합하여 「비봉 漢字 학습법」이란 이름의 책으로 한국의 독자들에게 보여드리게 되었다.

이 책은 우리말을 잘 이해하고, 일본어 책을 읽고, 동양고전을 읽고, 중국어 책을 읽는 데 가장 필요한 기본 한자 2,000자를 익히기 위한 준비단계로 500자를 선정, 다시 이를 1,2단계로 나누어서 그 뿌리의 같고 다

4

름에 따라 한자 하나하나에 순서를 매겨서 설명해 나가는 방식을 취하였다.

갑골문이나 금문을 만든 사람이 눈앞에 두고 그리거나 머리속으로 생각하였던 대상을 다시 현대적 감각으로 형상화해 내는 수고는 김태란(金泰蘭) 씨가 맡아 주었고, 한자 10개를 배운 후 잠시 쉬면서 삶의 지혜를 기를 수 있도록 고사성어(故事成語) 이야기 한 마당씩을 펼쳐 놓는 작업은 편집부의 이윤희(李允姬) 씨와 김이경(金利璟) 씨가 맡아 주었다. 뿐만 아니라 이 둘은 본문 교정작업까지 꼼꼼하고 성실하게 챙겨 주었는데, 이 세 미인들에게 진심으로 감사드린다.

그리고 이 책을 쓰도록 동기를 부여해 주고, 한자 학습에 있어서는 무엇보다 한자의 배열 순서가 중요하다는 점을 깨닫는 계기를 마련해 준 중국 사회과학원의 이낙의(李樂毅) 교수에게 감사드린다. 이 책에서 그림 오른편에 있는 갑골문(甲骨文), 금문(金文), 소전(小篆), 해서(楷書)의 네 종류 자체(字體) 중 많은 부분은, 이 교수가 쓰고 본인이 한국어로 번역 출판한 「한자정해(漢字正解)」에서 전재(轉載)한 것임을 밝혀둔다.

끝으로, 한자 한 글자의 학습은 곧 그 한 글자가 들어가서 만들어진 수많은 우리말 단어들의 절반을 공부하는 것과 마찬가지이므로, 한자를 2,000자 정도만 익히고 나면 국어사전에 등장하는 수 만 개의 한자어 단어들이 저절로 이해되고, 결국은 독서능력도 크게 제고될 것이다. 이러한 기대를 가지고 많은 사람들이 이 책을 친구삼아 한자 2,000자를 쉽고 재미있게 배워나갈 수만 있다면, 이 책을 쓰느라 들인 시간과 수고에 대한 보상으로는 충분하고도 남을 것이다.

1997년 12월
저 자

차 례

7

9

〈甲金篆隷大字典〉에서

비봉 漢字 학습법(1)

(개정판)

人

1

한	인: 사람(man)
중	rén(런)
일	ジン(진)·ニン(닌)

사람 인

갑골문 자형 '𠆢'은 두 팔을 앞으로 뻗고 서 있는 사람의 옆모습이다. 인간이 다른 동물과 다른 가장 큰 특징은 두 발로 서서 걷고 두 손은 자유롭게 놀릴 수 있다는 점이다. 인류의 문명은 그래서 발전할 수 있었다. 그런데 후에 와서 팔이 길어진 결과, 마치 두 다리를 벌리고 서 있는 듯한 모습으로 변했다.

응용: 人心 인심, 人生 인생, 人家 인가, 人口 인구, 人力 인력, 人間 인간, 人命 인명, 人工 인공, 人形 인형, 軍人 군인, 老人 노인, 女人 여인, 愛人 애인, 詩人 시인, 三人成市虎 삼인성시호, 己所不欲. 勿施於人 기소불욕, 물시어인.

머리 │ 팔 人 다리

쓰는 순서 ノ 人   2획

2

化

한	화: 변하다(change)
중	huà(후와)
일	カ(카)

화할 화

자형은 ' 亻 '과 ' 匕 '로 되어 있다. 갑골문 자형 ' 𠤎 '는 왼쪽은 '바로 선 사람'(亻), 오른쪽은 '거꾸로 선 사람'(匕)의 모습이다. 바로 섰던 사람의 자세가 거꾸로 선 자세로 변하는 것으로써「바뀌다」,「변하다」란 뜻을 나타냈다. '敎化 (교화)란 '敎 (교:가르침)를 통하여 사람을 변화시킨다는 뜻이고, '文化 (문화)란 '文 (문:글)으로써 사람을 변화시킨다는 뜻이다.

바로 선 사람

化

거꾸로 선 사람

응용 : 化學 화학, 化石 화석, 化身 화신, 化合 화합, 文化 문화, 造化 조화, 進化 진화, 消化 소화, 退化 퇴화, 風化 풍화, 美化 미화, 變化 변화, 開化 개화, 敎化 교화, 千變萬化 천변만화, 蛇化爲龍, 不變其文 사화위룡, 불변기문.

쓰는 순서 　ノ　亻　亻　化　　　　4획

3

한	개: 갑옷(armor)
중	jiè(찌에)
일	カイ(카이)

갑옷 개

 ⟹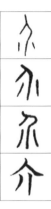

자형은 '人'과 '刂'로 되어 있다. 갑골문 자형은 '𠈌', '𠈌', '𠈌' 등으로 '사람'(𠆢)이 몸에 '갑옷'(刂刂, 丨丨)을 걸치고 있는 모습이다. 본래의 뜻은 「갑옷」이다. 「갑옷」은 '딱딱한' 가죽 조각을 이어붙여서 만들었는데, 싸울 때 몸과 창 사이에 '끼어서' 몸을 보호하는 역할을 했다. 이로부터 「사이에 끼다」는 뜻이 생겼고, 또 연체동물의 「딱딱한 껍질」을 가리키게 되었다.

응용: 介胄 개주, 介鱗 개린, 魚介 어개, 介蟲 개충, 介入 개입, 介在 개재, 介意 개의, 仲介 중개, 紹介 소개, 節介 절개, 介者不拜 개자불배, 介胄在身, 不能全禮 개주재신, 불능전례.

사람 ╱ 介 ╲ 갑옷

쓰는 순서 ノ 人 介 介   4획

14

4

囚

한 수: 가두다(imprison)
중 qiú(치우)   일 シュウ(슈)

가둘 수

자형은 '囗' 속에 '人'이 들어 있는 모습이다. 갑골문 자형 '囚'에서 '囗'는 일정한 경계 또는 울타리를 나타내는데, 여기서는 감옥을 나타낸다. '사람'(人 → 人)이 '감옥'이나 '울타리' 속에 갇혀 있으니 그는 죄수임이 분명하다. 본래의 뜻은 「가두다」, 「갇힌 사람」, 「죄수」이다. 감옥에 갇힌 사람들이 입는 옷을 「囚衣」(수의)라고 한다.

응용 : 罪囚 죄수, 囚人 수인, 囚禁 수금, 囚衣 수의, 囚役 수역,
囚獄 수옥, 囚桎 수질, 徒囚 도수, 囚首喪面 수수상면.

감옥
│

│
죄수

쓰는
순서  5획

15

休

| 한 | 휴: 쉬다(rest). 멈추다(stop) |
| 중 | xiū(시우) | 일 | キュウ(큐) |

쉴 휴

자형은 ‘亻’과 ‘木’(목:나무)으로 되어 있는 전형적인 회의자(會意字)이다. 갑골문 자형 ‘休’은 사람(亻)이 나무(木)에 기대어 쉬고 있는 모습으로, 본래의 뜻은「쉬다」,「휴식하다」이다. 쉴 때는 하던 일을 멈추기 때문에「멈추다」,「정지하다」,「그만두다」는 뜻도 생겼다. 힘들게 일하고 있는 사람의 입장에서 보면, 쉬고 있는 사람의 모습은 부러울 정도로「좋다」. 그래서「훌륭하다」는 뜻도 갖게 되었다.

응용 : 休息 휴식. 休日 휴일. 休戰 휴전. 連休 연휴. 休學 휴학. 休校 휴교. 休養 휴양. 休業 휴업. 休職 휴직. 無休 무휴. 休養生息 휴양생식. 解甲休兵 해갑휴병. 萬事休矣 만사휴의. 精進不休 정진불휴. 休聲美譽 휴성미예.

사람 나무

쓰는 순서 ノ 亻 亻 什 休 休   6획

16

6

大

큰 대

한 대: 크다(big, large)
중 dà(따) 反 小(소) 일 ダイ(다이)·タイ(타이)

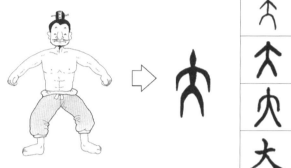

갑골문 자형 '大'은 사람이 정면을 보고 두 팔과 다리를 벌린 채 서 있는 모습으로 머리, 손, 발, 몸이 모두 나타나 있다. 옛날 사람들은 '하늘도 크고, 땅도 크고, 사람도 크다(天大, 地大, 人亦大)'고 생각했다. 그래서 사람이 정면을 보고 서 있는 모습으로써 '크다'는 뜻을 나타냈다. 본래의 뜻은 「크다」이다.

응용 : ① 夫 부, 天 천, 央 앙, 夾 협, 美 미. ② 大人 대인, 大小 대소, 大作 대작, 大門 대문, 大路 대로, 大學 대학, 大量 대량, 大望 대망, 大王 대왕, 巨大 거대, 最大 최대, 重大 중대, 大同小異 대동소이, 大器晚成 대기만성.

머리
팔

다리

쓰는 순서 : 一 ナ 大   3획

17

天

한	천: 하늘(sky)
중	tiān(티엔)
일	テン(텐)

하늘 천

자형은 '大' 위에 'ㅡ'이 있는 모습이다. '大'는 사람이 정면을 보고 서 있는 모습이고, 'ㅡ'은 위치를 가리키는 지사부호로, 사람 몸의 맨 꼭대기에 해당하는 부분, 즉 「머리」, 「정수리」를 가리킨다. 본래의 뜻은 「정수리」이다. 정수리 위에 하늘이 있으므로, 후에 와서 '하늘'이란 뜻으로 쓰이게 되었다(*夫 부 참고).

응용 : 天上 천상, 天下 천하, 天地 천지, 天使 천사, 天文學 천문학, 天然 천연, 天子 천자, 樂天 낙천, 靑天 청천, 至誠感天 지성감천, 天上天下唯我獨尊 천상천하유아독존, 順天者昌, 逆天者亡 순천자창, 역천자망.

정수리
──
天
/
큰사람(大)

쓰는 순서 ㅡ 二 チ 天　　4획

夫

한	부: 남편(husband)
중	fū(푸)
일	フ・フウ(후)

지아비 부

자형은 「天」과 마찬가지로 '大'와 '一'로 되어 있다. 그러나 '一'의 위치가 다르다. '一'은 어른이 머리에 상투를 틀고 꽂은 비녀를 나타낸 것이다. 옛날 남자는 20살이 되면 상투를 틀고 비녀를 꽂아서 「성인」(成人)이 되었음을 나타냈다. 본래의 뜻은 「성인 남자」이다. 이로부터 「남편」이란 뜻과, 「어떤 직업에 종사하는 사람」이란 뜻이 생겨났다.

큰사람(大)

응용 : 夫婦 부부, 夫君 부군, 人夫 인부, 凡夫 범부, 大丈夫 대장부, 士大夫 사대부, 匹夫 필부, 農夫 농부, 漁夫 어부, 夫唱婦隨 부창부수, 夫妻本是同林鳥 부처본시동림조, 國之存亡, 匹夫有責 국지존망, 필부유책.

쓰는순서 一 二 夫 夫 4획

立

한 립: 서다(stand)
중 lì(리)
일 リツ(리츠)·リュウ(류)

설 립

갑골문 자형 '⚹'은 큰 사람(⚹)이 두 팔을 벌린 채 땅 위(一)에 서 있는 모습으로, 본래의 뜻은 「서다」이다. 후에 사람의 모습이 '⚹ → ⚹ → ⚹ → ⚹'처럼 변함으로써, '大'와 '一'(지면)로 이루어졌던 본래의 모습과는 상당히 거리가 생겼으나, 기본 구조는 그대로 남아 있다.

응용 : 立地 입지, 立場 입장, 立法 입법, 立秋 입추, 立春 입춘, 存立 존립, 創立 창립, 自立 자립, 中立 중립, 直立 직립, 成立 성립, 兩立 양립, 國立 국립, 私立 사립, 公立 공립, 立錐之地 입추지지, 民無信不立 민무신불립.

머리
팔 立 다리
지면

쓰는 순서 　 丶 二 亠 立 立　　5획

20

文

한 문: 글(writing)

중 wén(원)

일 ブン(분)・モン(혼)

글월 문

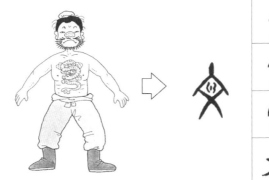

갑골문과 금문의 자형 ' [🔶] , [🔶] ' 들은 모두 사람의 가슴에 새겨 넣은 문신(文身:tattoo)의 모습으로, 본래의 뜻은 「몸에 새긴 그림」, 즉 「문신」이다. 사람은 남에게 아름답게 보이기 위하여 옷을 입기 전부터 자기 몸을 장식할 줄 알았다. 후에 와서 문신을 빼고 가슴 부위가 강조된 사람의 모습만 가지고 「무늬」, 「문자」, 「문장」 등의 뜻을 나타냈다.

응용 : 文身 문신, 文教 문교, 文具 문구, 文盲 문맹, 文法 문법,
文書 문서, 文人 문인, 文集 문집, 文學 문학, 文字 문자,
文化 문화, 英文 영문, 天文 천문, 公文 공문, 散文 산문,
作文 작문, 詩文 시문, 古文 고문, 望文生義 망문생의.

머리
팔

다리

쓰는 순서   ` 一 ナ 文   4획

21

三人成虎(삼인성호: 싼 런 청 후)

아주 먼 옛날 중국에는 여러 나라가 패권을 다투던 전국시대(戰國時代)라는 혼란한 시대가 있었습니다. 위(魏) 나라도 그 중의 하나였습니다.

여러 나라들은 서로 맺은 조약을 확실히 지키기 위한 수단으로 왕자를 인질로 교환하는 경우가 많았습니다. 위 나라 왕도 예외는 아니어서, 사랑하는 왕자를 조(趙) 나라에 인질로 보내게 되었습니다. 방총(龐從)이라는 신하가 인질로 떠나는 왕자를 수행하고 함께 먼 길에 나섰습니다.

떠나기 전 방총은 왕에게 몇 가지 질문을 던졌습니다.

"대왕 전하, 만일 누군가 번화한 시내 거리 한가운데에 호랑이가 나타났다고 아뢴다면 믿으시겠습니까?"

왕은 어처구니 없다는 듯 대답했습니다.

"그걸 누가 믿겠나? 시내 한가운데에 어찌 호랑이가 나타난단 말인고? 깊은 산골이라면 몰라도 말일세. 나는 믿지 않겠네."

방총은 다시 물었습니다.

"만약 또 다른 사람 하나가 역시 같은 말을 아뢴다면, 그 말을 믿으시겠습니까?"

그러자 왕은 고개를 갸우뚱 하며,

"그렇다고 어찌 믿을 수 있겠는가."

방총은 질문을 계속했습니다.

"만약 세 번째 사람이 나타나서 같은 말을 아뢴다면, 그때는 어찌시겠습니까?"

왕은 주저하지 않고 대답했습니다.

"그러면 물론 믿을 수 있겠지."

그러자 방총은 왕에게 충고했습니다.

"전하, 이런 상황을 일러 '세 사람의 입이 호랑이 하나를 만들어 낸다'(삼인성호, 三人成虎)고 할 수 있습니다. 있을 수 없는 게 확실한 사실이지만 세 사람이 입을 모아 얘기하니 정말인 양 믿게 되지 않습니까? 제가 조 나라로 떠난 뒤 저를 헐뜯을 사람이 많을 것입니다. 부디 전하께서는 사람들이 지어내는 말을 가려 들으시는 지혜를 갖추시옵소서."

위 나라 왕은 고개를 끄덕이며 방총의 충고를 명심하겠다고 했습니다.

하지만 방총의 염려대로, 왕은 방총이 떠난 후 그를 비방하는 간신들의 말을 그대로 믿고 방총에게 쏟던 총애를 거두었답니다.

그 뒤로부터 '삼인성호'(三人成虎)는 헛소문이 여러 사람의 입을 통해 널리 퍼져, 누구나 그걸 진실로 잘못 받아들이는 상황을 비유하는 성어로 쓰였습니다.〔출처:《戰局策·魏策二》(전국책·위책이)〕

〈한자풀이〉

三(삼):셋. 人(인):사람. 成(성):이루다, 되다. 虎(호):호랑이.

23

11

元

한 원: 으뜸(first)
중 yuán(위엔)　일 ゲン(겐)·ガン(간)

으뜸 원

자형의 변화과정을 소급해 보면 '元→〒→ㄱ→〒' 과 같다. 갑골문 '〒'에서 'ㄱ'(→儿)은 사람을, 위 의 '二'는 사람의 머리를 나타낸 것이다. 본래의 뜻 은 「머리」이다. 「머리」라는 뜻에서 「우두머리」란 뜻이 생겼다. 그리고 「첫째」, 「시작」, 「가장 중요한」 등의 뜻도 생겨났다(*人 참조). 나라의 최고 어른을 '원수' (元首), 시험에서 일등 합격한 자를 '장원'(壯元), 새 해의 첫 아침을 '원단'(元旦)이라고 한다.

응용 : 元旦 원단, 元年 원년, 新紀元 신기원, 元帥 원수, 元老 원로, 元素 원소, 元兇 원흉, 元氣 원기, 一元化 일원화, 壯元及第 장원급제, 元旦朝賀 원단조하, 返本還元 반본 환원.

머리
↑
팔 元
↓
다리

쓰는 순서 一 二 テ 元　　　4획

交

| 한 | 교: 교차하다(cross). 사귀다(associate with) |
| 중 | jiāo(찌아오) | 일 | コウ(코) |

사귈 교

갑골문 자형 '交'은 한 사람이 두 다리를 정강이 아래에서 서로 엇걸리게 한 채 정면을 보고 의자에 앉아 있는 모습으로, 본래의 뜻은 「엇걸리다」, 「교차하다」이다. 소전 이후 자형이 잘못 변하여 마치 '六'과 '乂'로 된 것처럼 되었다. '交'에 있는 「교제하다」, 「섞다」, 「주고 받다」, 「서로」, 「벗」 등 많은 뜻은 모두 이 「서로 엇걸리다」, 「교차하다」는 뜻에서 생겨난 것이다.

응용 : 交換 교환, 交流 교류, 親交 친교, 交感 교감, 交分 교분, 交涉 교섭, 交友 교우, 交替 교체, 外交 외교, 絶交 절교, 交通 교통, 遠交近攻 원교근공, 刎頸之交 문경지교, 君子之交淡如水 군자지교담여수.

머리—
팔—
—다리

쓰는 순서 ` 一 亠 六 亠 交 6획

25

兒

한 아: 아이(child)
중 ér(얼)   일 ジ(지)・ニ(니)

아이 아

자형은 '臼'와 'ㄦ'로 되어 있다. 갑골문 자형 'ㅂ'에서 위쪽의 'ㅂ'(臼)는 아직 정수리 부분이 완전히 닫히지 않은 아기의 머리이고, 아래 쪽의 'ㄱ'(ㄦ)는 사람의 몸이다. 본래의 뜻은「아이」이다. 고대에는 남자 아이를 '兒'라 하고, 여자 아이는 '嬰'(영)이라고 했다. '嬰'은 '여자 아이'(女)가 한 꿰미의 '조개 목걸이'(賏)를 목에 걸고 있는 모습이다.

응용 : 乳兒 유아, 小兒科 소아과, 孤兒 고아, 男兒 남아, 幸運兒 행운아, 風雲兒 풍운아, 育兒 육아, 兒童 아동, 兒女子 아녀자, 兒名 아명, 兒孫自有兒孫福, 莫爲兒孫作馬牛 아손자유아손복, 막위아손작마우.

아기의 머리

팔

 兒

다리

쓰는 순서 ノ イ ⿴ 臼 臼 臼 兒 兒   8획

26

14

欠

한 흠: 하품하다(yawn). 모자라다(short of)
중 qiàn(치엔) 일 ケツ(케츠)

하품 흠

고문의 자형 ', '은 앉아서 입을 크게 벌리고 있는 사람의 모습이다. 본래의 뜻은「하품하다」이다. 그러나 '欠'이 독립적으로 쓰이는 일은 적고, 주로 사람이 입을 벌리고 하는 어떤 동작을 나타내는 한자의 자소(字素)로 사용된다(예:吹 취:불다. 飮 음:마시다. 歌 가:노래부르다. 次 연:침을 흘리다. 歎 탄:탄식하다 등). '모자라다'는 뜻도 있다.

입을 벌리고 있는
사람의 머리

팔 ← 欠 → 다리

응용 : ① 欲 욕. 欣 흔. 欺 기. 歌 가. 欽 흠. 歎 탄. 歡 환. ② 欠伸 흠신:하품을 하면서 기지개를 켜다. 萬事俱備, 只欠東風 만사구비, 지흠동풍.

쓰는 순서 ノ ∠ 欠 欠 4획

27

吹

한	취: 불다(blow)
중	chuī(추이)

일 スイ(수이)

불 취

자형은 '口'(구:입)와 '欠'(흠:하품하다)으로 이루어 져 있다. 본래의 뜻은 「입으로 불다」이다. 입으로 공 기를 불 때의 자세는 하품할 때의 자세와 같고, 또 그 동작을 하는 몸의 부위가 '입'(口)이라는 것을 나타내 고 있다. 피리나 나팔 등 입으로 불어서 악곡을 연주 하는 것이 '吹奏'(취주), 레코드를 만들기 위하여 녹 음하는 것을 '吹入'(취입)이라 한다.

입을 벌리고 있는 사람

입

응용 : 吹奏 취주. 吹入 취입. 吹打 취타. 吹管 취관. 吹毛 취모. 鼓吹 고취. 東風吹馬耳 동풍취마이. 風吹雨打 풍취우타. 吹毛索疵 취모색자. 吹毛求疵 취모구자.

쓰는 순서 　丶丨口叮吵吹吹　7획

28

印

한 인: 도장(seed). 찍다(print)
중 yìn(인)　　　　일 イン(인)

도장 인

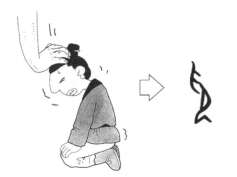

자형은 '乏'와 '卩'으로 되어 있다. 갑골문 자형 '乏'
은 손(乏)으로 사람을 눌러서 꿇어 앉히는(乏) 모습이
다. 본래의 뜻은 「아래로 내리 누르다」이다. 도장을 찍
을 때는 위에서 힘을 주어 내리누른다. 그래서 「도장」,
「도장을 찍다」란 뜻이 생겼다. 종이에 인쇄하는 과정도
비슷하므로 「인쇄하다」는 뜻이 생겼다.

응용 : 印刷 인쇄, 印象 인상, 印章 인장, 印朱 인주, 刻印 각인,
烙印 낙인, 印紙 인지, 印稅 인세, 檢印 검인, 印鑑 인감,
調印 조인, 心心相印 심심상인.

손(乏)

印

꿇어 앉은 사람

쓰는 순서　´ 「 ᄐ 臼 印　　6획

29

身

한	신: 몸(body)		
중	shēn(션)	일	シン(신)

몸 신

갑골문 자형 ' 𠂤 , 𠂤 '이나 금문 자형 ' 𠂤 , 𠂤 ' 등은 사람의 큰 배가 불룩 튀어나온 모습으로, 가운데 점은 「배꼽」을 나타낸다. 배불리 실컷 먹는 일이 매우 어려 웠던 옛날 사람들에게 불룩 튀어나온 배는 부러운 모 습이었을 것이다. 그래서 이런 모습으로 사람의 몸을 나타냈다. 본래의 뜻은 「몸」이다. 여자의 뱃속에 아기 (𠂤)가 있는 모습 ' 𠂤 ' 은 「임신하다」는 뜻의 '孕' (잉) 자이다.

응용 : 心身 심신. 自身 자신. 出身 출신. 文身 문신. 保身 보신. 修身 수신. 身上 신상. 身分 신분. 身長 신장. 身體 신체. 殺身成仁 살신성인. 粉骨碎身 분골쇄신. 吾日三省吾身 오일삼성오신. 一日爲師. 終身爲父 일일위사, 종신위부.

머리
팔
배꼽
다리

쓰는 순서 ' 𠂤 𠂤 𠂤 𠂤 身 身   7획

女

18

한 녀: 여자(woman)

중 nǚ(뉘) 反 男(남) 일 ジョ(죠) · ニョ(뇨)

계집 녀

갑골문 자형 '史'는 한 여자가 두 손을 가슴 높이에서 마주 잡고 얌전히 무릎을 꿇고 앉아 있는 모습이다. 본래의 뜻은 「여자」이다. 여사의 모습에서 두 개의 젖이 특별히 강조된 것이 '母'이다. '女'와 '母'의 자형 변화를 동시에 보면 다음과 같다. '史(史)→中(中) →兒(兒)→女(女)→女(母)'.

응용 : 女人 여인. 女子 여자. 女性 여성. 女神 여신. 女王 여왕. 宮女 궁녀. 婦女 부녀. 淑女 숙녀. 長女 장녀. 海女 해녀. 少女 소녀. 仙女 선녀. 美女 미녀. 男女老少 남녀노소, 善男善女 선남선녀. 女爲悅己者容 여위열기자용.

머리   등
女
두 손

쓰는 순서 く 夕 女   3획

31

母

한	모: 어미 · 어머니(mother)
중	mǔ(무)
일	ボ(보)

어미 모

갑골문 자형 ''는 한 여자가 두 손을 마주 잡고 양쪽 젖가슴을 드러낸 채 앉아 있는 모습이다. 이것은 아기에게 젖을 먹이고 있을 때의 모습으로, 본래의 뜻은 「어머니」이다. 이로부터 「암컷」이란 뜻도 생겨났다. 한자에서 '母'와 '女'(녀)는 젖을 표시하는 두 개의 점을 제외하고는 완전히 같다. 그래서 고문에서는 서로 통용되었다.

응용 : 母子 모자. 母女 모녀. 母校 모교. 母國 모국. 母親 모친. 父母 부모. 生母 생모. 老母 노모. 食母 식모. 祖母 조모. 賢母良妻 현모양처. 失敗爲成功之母 실패위성공지모. 兒不嫌母丑. 狗不嫌家貧 아불혐모추. 구불혐가빈.

젖가슴

몸

두 팔

쓰는 순서 ㄴ 뮤 뮤 무 母   5획

安

| 한 | 안: 편안하다(peaceful) |
| 중 | ān(안) | 일 | アン(안) |

편안할 안

갑골문 자형 '𡨄'은 한 여자(𡙽 :女)가 집(𠆢: 宀) 안에 조용히 앉아 있는 모습이다. 본래의 뜻은 「편안하다」이다. 여자는 집 안에 있을 때 편안함을 느끼고 또 안전하다. 그래서 '안전하다'는 뜻도 있다. 밖에 나갔던 사람이 '집'(𠆢:宀)으로 되돌아 와서(𧾷:足) 안정을 얻게 되는 것은 '定'(정)이다. 지금은 두 자를 합해서 '安定'(안정)이란 말로 쓴다.

응용 : 安心 안심, 安全 안전, 安寧 안녕, 安樂 안락, 安息 안식, 安危 안위, 安保 안보, 保安 보안, 問安 문안, 治安 치안, 便安 편안, 安貧樂道 안빈낙도, 食無求飽 식무구포, 居無求安 거무구안, 食不甘味 식불감미, 臥不安席 와불안석.

쓰는 순서 　丶　丷　宀　宊　安　安　　6획

집
安
여자

刎頸之交(문경지교: 원 징 즈 찌아오)

　　옛날 중국 전국시대 때 조(趙)나라에 인상여(藺相如)란 신하가 큰 공을 세우고 재상이란 높은 벼슬을 받았습니다. 그 벼슬은 당시 염파(廉頗)라는 명장군의 직위보다도 높았습니다. 염파는 이 때문에 인상여를 시기하게 되었습니다.

　　인상여는 염파가 자기를 시기한다는 사실을 알게 된 이후로는 될 수 있으면 염파와 한 자리에서 우위를 다투는 난처한 상황을 피했습니다. 그러던 어느 날, 수레를 타고 외출하던 인상여는 길 맞은편에서 다가오는 염파의 수레와 마주쳤습니다. 인상여는 마부에게 서둘러 작은 골목으로 피해 염파의 수레에게 길을 양보해 주도록 했습니다.

　　이때 인상여의 부하 하나가 염파에게 양보만 하는 상사에게 불만을 터뜨리자, 인상여는 이렇게 말해 주었습니다.

"지금 힘센 이웃 진(秦)나라가 우리 조 나라를 넘보지 못하는 까닭은 나와 염파 장군, 두 사람이 있기 때문일세. 그런데 만약 나와 염파가 다투기 시작한다면 둘 중 하나는 분명히 크게 다칠 테고, 그러면 우리의 전력이 허물어지는 기회를 틈타 진 나라가 곧 쳐들어 올 걸세. 나와 염파는 절대 다투어서는 안 된다네."

이런 인상여의 깊은 뜻을 모르는 염파는 갈수록 거만해졌습니다. 이를 보다 못한 어떤 사람이 인상여의 사려깊은 마음을 염파에게 알려 주었습니다. 염파는 그제서야 크게 깨우치고 오만했던 자기 행동을 뉘우치며, 웃통을 벗고 가시나무 곤장을 어깨에 지고 인상여를 찾아가 무릎을 꿇고 사과했습니다. 인상여는 염파의 어깨에서 가시나무 곤장을 내려주며 일으켜 세웠습니다. 이로부터 두 사람은 변치 않는 좋은 친구가 되었습니다.

거만한 염파 장군에게 길을 비켜주며 양보한 재상 인상여와, 그런 사실을 알고 나서는 자기 행동을 뉘우치고 스스로 목을 베겠다고 하면서 어깨에 가시나무 곤장을 지고 인상여를 찾아간 염파 장군, 이 두 사람의 이야기에서 나온 '문경지교'(刎頸之交)는 굳게 맺은 우정을 비유하는 성어입니다.〔출처:《史記·廉頗藺相如列傳》(사기·염파 인상여열전)〕

〈한자풀이〉

刎(문):베다.　頸(경):목.　之(지):가다, ~의.　交(교):사귀다.

35

子

한 자: 아들(son)
중 zǐ(즈)
일 シ(시)·コ(코)

아들 자

갑골문 자형 '무'은 아기의 모습이다. 윗부분은 머리, 가운데는 양쪽으로 치켜 올린 팔, 아래는 다리인데 강보에 싸여 있다. 본래의 뜻은 「아이」이다. 「남자 아이」만을 가리킬 때도 있다. 사람의 성(姓) 뒤에 붙여서 높임말로 쓰기도 하고(예:孔子, 孟子), 보통의 명사성 어근(語根) 뒤에서 명사를 만들기도 한다(예:帽子 모자, 卓子 탁자, 椅子 의자 등). 「당신」이란 뜻도 있다.

응용 : 母子 모자, 孔子 공자, 男子 남자, 庶子 서자, 王子 왕자, 孝子 효자, 冊子 책자, 養子 양자, 種子 종자, 子弟 자제, 子孫 자손, 三尺童子 삼척동자, 不入虎穴, 焉得虎子 불입호혈, 언득호자, 天知地知我知子知 천지지지아지자지.

머리

子

팔

몸·다리

쓰는
순서 ㄱ 了 子   3획

36

好

22

한 호: 좋아하다(like)

중 hǎo, hào(하오) 反 惡(오) 일 コウ(코-)

좋을 호

자형은 '女'와 '子'로 되어 있다. 갑골문 자형 '𡥉'은 어머니(女)가 아기(子)를 치켜 들고 있는 모습이다. 아기를 좋아하는 어머니의 마음이 잘 나타나 있는 문자이다. 이것을 '여자(女)와 남자(子)가 함께 있어서 좋다'는 식으로 해석하는 것은 잘못이다. '子'(무)가 남자를 가리키는 뜻으로 쓰이게 된 것은 후에 와서이다.

응용 : 好人 호인, 好機 호기, 好事 호사, 好感 호감, 好惡 호오, 友好 우호, 良好 양호, 愛好 애호, 絶好 절호, 好事多魔 호사다마, 好事不出門, 惡事行千里 호사불출문, 악사행천리, 好船者溺, 好騎者墮 호선자익, 호기자타.

어머니

아기

쓰는순서 ㄥ ㄥ 女 女'好 好   6획

37

孔

한	공: 구멍(hole)
중	kǒng(콩)
일	コウ(코-)

구멍 공

자형은 '子'와 'ㄴ'으로 되어 있으나, 금문의 자형 '孚'은 아기(孚:子)가 어머니의 젖(ㄴ)을 빨고 있는 모습으로, 본래의 뜻은 「젖구멍」이다. 「구멍」이란 뜻은 이로부터 생겨났다. 「구멍」이란 뜻을 나타내는 한 자로는 이 외에도 '洞'(동:구멍), '穴'(혈:구멍)이 있는데, '洞'은 길게 뻥 뚫린 동굴과 같은 것을, '穴'은 주로 땅 속의 집을 가리킨다.

응용 : 眼孔 안공:눈구멍, 瞳孔 동공:눈동자, 孔子 공자, 鑿孔 착공:구멍을 뚫다. 孔孟之道 공맹지도, 無孔不入 무공불입, 千里之堤, 潰於蟻孔 천리지제, 궤어의공, 孔席不暖, 墨突不黔 공석불난, 묵돌불검.

아기

孔
어머니의 젖

쓰는 순서 ㄱ 了 子 孔   4획

乳

한 유: 젖(breast, milk)
중 rǔ(루)   일 ニュウ(뉴)

젖 유

자형은 '孔' 위에 'ㅥ'가 있는 모습이다. 'ㅥ'(ㅌ : 조)는 손, '孔'(공)은 젖구멍을 의미하는데, 이것의 갑골문 자형 'ㅥ'은 어머니가 아이에게 젖을 먹이고 있는 모습을 가장 간단한 선으로 나타낸 훌륭한 그림 이다. 본래의 뜻은 「아이에게 젖을 먹이다」이다. 「젖」, 「젖가슴」, 「아이를 낳다」 등의 뜻도 있다.

어머니의 손

乳

아기
어머니의 젖

응용 : 乳母 유모. 乳房 유방. 乳頭 유두. 母乳 모유. 牛乳 우유. 粉乳 분유. 授乳 수유. 鐘乳石 종유석. 乳臭 유취. 乳齒 유치. 哺乳動物 포유동물. 乳臭未除 유취미제. 口尙乳 臭 구상유취.

쓰는 순서 ′ ′ ′ ′ ′ 주 주 乳   8획

39

25

目

 목: 눈(eye)

중 mù(무)

일 モク(모쿠)・ボク(보쿠)

눈 목

고문의 자형 '𝕮, 𝕮, 𝕮' 등은 생생한 눈의 모습이
지만, 소전 이후 눈 모양의 각도를 90° 바꾸는 바람에
본래의 모습과는 거리가 생겼다. 본래의 뜻은 「눈」이
다. '目'과 같은 뜻을 나타내는 한자에 '眼'(안)이 있
는데, 이것은 뜻을 나타내는 '目'과 소리를 나타내는
'艮'(간)으로 이루어진 형성자이다. '目'에는 이밖에
도 「조목」, 「이름」, 「우두머리」 등의 뜻도 있다.

눈동자

目

응용 : 目前 목전. 目標 목표. 目次 목차. 目的 목적. 耳目 이목.
眼目 안목. 注目 주목. 面目 면목. 題目 제목. 品目 품목.
盲目 맹목. 頭目 두목. 目不忍見 목불인견. 刮目相待 괄
목상대. 一葉蔽目, 不見泰山 일엽폐목, 불견태산.

쓰는
순서 丨冂冃月目　　　5획

40

眉

눈썹 미

한 미: 눈썹(eyebrow)
중 méi(메이)　　　일 ビ(비)·ミ(미)

눈썹 미

　⇨　

갑골문 자형 ' 27 '는 눈 위로 꼬불꼬불한 눈썹이 자라난 모습으로, 본래의 뜻은 「눈썹」이다. 지금의 자형에서는 눈썹의 모양이 많이 변해서 알아보기 어렵게 되었다. 두 눈썹 사이(間)가 '眉間'(미간)이다. 그래서 '眉間(미간)을 찌푸린다'고 한다. 아주 급박한 상황을 '焦眉'(초미)라고 하는데, 눈썹이 불에 타려는 것보다 더 급한 상황이 어디 있겠는가.

응용 : 眉間 미간, 白眉 백미, 焦眉 초미, 直眉 직미, 雙眉 쌍미, 榛首蛾眉 진수아미, 蛾眉皓齒 아미호치, 目秀眉淸 목수미청, 仰首伸眉 앙수신미.

쓰는 순서 　フ ヌ ヌ ア ア 尸 尸 尸 眉 眉 眉　9획

눈썹
眉
눈

見

한 견: 보다(see)
중 jiàn(찌엔)
일 ケン(켄)

볼 견

갑골문 자형 ''은 '눈'(◔:目)과 '사람'(亻·儿)으로 이루어져 있는 회의자이다. 사람의 몸(亻)에 눈(◔)만 그려 넣어 눈이 하는 일, 즉 「본다」는 뜻을 나타내고 있다. 사물을 보고 난 후에 스스로 터득한 생각을 '見解'(견해)라 한다. '百聞而不如一見'(백문이불여일견)은 백 번 듣는 것보다 한 번 보는 것이 더 낫다는 뜻이다. 중국에선 헤어질 때 '再見'(재견: 짜이 찌엔)이라 하는데, 'good-bye', 'see you again'이란 뜻이다.

응용: 見聞 견문. 發見 발견. 見習生 견습생. 見地 견지. 高見 고견. 短見 단견. 先見之明 선견지명. 外見 외견. 會見 회견. 意見 의견. 見賢思齊 견현사제. 見善如不及 견선여불급. 大山之高, 背而不見 대산지고, 배이불견.

눈
見
몸(팔·다리)

쓰는 순서 丨 冂 冂 目 目 貝 見   7획

42

臣

한 신: 신하 · 노예(slave, subject)
중 chén(천)
일 シン(신) · ジン(진)

신하 신

사람이 고개를 들고 바로 보고 있을 때의 눈의 모습은 '⟨눈⟩'이지만, 고개를 숙이고 있을 때 옆에서 본 눈의 모습은 '⟨눈⟩ · ⟨눈⟩'처럼 된다. 자형은 주인 앞에서 고개를 숙이고 있는 노예를 그 눈의 모습으로 나타낸 것으로, 본래의 뜻은「노예」이다.「신하」도 왕 앞에서는 항상 고개를 숙여야 한다는 점에서 노예와 마찬가지므로「신하」란 뜻을 갖게 되었다.

고개를 숙였을
때의 눈

臣

응용 : 臣下 신하. 臣民 신민. 君臣 군신. 大臣 대신. 家臣 가신. 功臣 공신. 老臣 노신. 重臣 중신. 賢臣 현신. 寵臣 총신. 忠臣孝子 충신효자. 君舟臣水 군주신수. 良禽相木而栖. 賢臣擇主而事 양금상목이서, 현신택주이사.

쓰는
순서 一 丆 丆 五 弔 臣   6획

面

한	면: 얼굴(face)
중	miàn(미엔)　　일 メン(멘)

얼굴 면

'面'의 갑골문 자형 '◉'은 '눈'(◻)과 비뚜름한 '얼굴윤곽'(◻)으로 이루어져 있다. 두 사람이 마주볼 때는 상대의 눈만 보일 정도로 얼굴에서 제일 중요한 것이 눈이므로, '눈'과 얼굴 윤곽 두 가지로「얼굴」이란 뜻을 표시했다. 소전 이후 눈 위에 눈썹이 추가되면서 지금의 자형처럼 변했다.「얼굴」이란 뜻에서「표면」,「겉」이란 뜻도 생겼다.

응용 : 面刀 면도, 面目 면목, 面會 면회, 面接 면접, 表面 표면, 假面 가면, 內面 내면, 半面 반면, 側面 측면, 正面 정면, 畵面 화면, 人面獸心 인면수심, 面從腹背 면종복배, 反面敎訓 반면교훈, 知人知面不知心 지인지면부지심.

이마 끝

얼굴　　눈

쓰는순서 一ㄱ了丙而而面面面　9획

44

耳

귀 이

갑골문이나 금문의 자형 '⒠', '⒠' 등은 한쪽 귀를 그대로 그려 놓은 모습이다. 그러나 소전 이후부터는 자형이 많이 변해서 별로 닮지 않게 되었다. 본래의 뜻은 「귀」이다. 우리의 몸에서 귀는 소리를 듣는 기능을 한다. 따라서 '耳'가 부수자 또는 자소(字素)로 들어 있는 한자는 「귀」 또는 「소리를 듣는 행위」와 관련이 있다.

응용 : ① 取 취:취하다. 聞 문:듣다. 聲 성:소리. 聾 롱:귀머거리.
② 耳目 이목. 耳鳴 이명. 耳輪 이륜. 忠言逆耳 충언역이.
言猶在耳 언유재이:들은 말이 아직도 귀에 생생하다. 耳目
口鼻 이목구비. 馬耳東風 마이동풍. 掩耳盜鈴 엄이도령.

耳

귀의 모습

쓰는 순서　一　丅　下　F　王　耳　　6획

45

刮目相對(괄목상대: 꾸아 무 시앙 뚜이)

　　중국 삼국시대 때 오(吳) 나라에 여몽(呂蒙)이란 장군이 있었습니다.
여몽은 어렸을 때 가난한 고아로 자랐으므로, 스스로 연마할 수 있는 무
술 공부 이외에 글공부는 해 본 적이 없었습니다.
　　어느 날 오 나라 군주 손권(孫權)이 여몽에게 이렇게 말했습니다.
　　"장군은 지금 나라의 큰일을 맡고 있는 분이니, 글공부도 좀 해야지요."
　　여몽은 대답했습니다.

"군대의 일이 너무 바빠 공부할 틈을 낼 수가 없습니다."

"제가 장군더러 무슨 박사가 될 성도로 공부를 하라는 건 아니오. 그리고 장군께서 아무리 바쁘다 한들 나라 전체를 관장하는 나만큼이야 바쁘겠소? 그런 나도 자주 책을 읽어 얻는 바가 크다오."

여몽은 그때부터 시간을 아껴 열심히 책을 읽기 시작했는데, 책 속의 이치를 깨닫는 속도가 아주 빨랐습니다. 열심히 노력한 결과 여몽은 하루가 다르게 실력을 쌓아 갔습니다.

나중에 한 관리가 여몽을 만났는데 더 이상 예전의 여몽이 아님을 발견하고 놀라자, 여몽은,

"선비는 사흘을 안 보다가 다시 만나면 눈을 비비고 서로를 대할 정도로 실력이 향상되어 있어야 합니다(刮目相對)."

이로부터 괄목상대는 발전 속도가 아주 빨라 새로운 시각으로 다시 보게 된다는 뜻의 성어가 되었습니다.〔출처:《三國志·吳書·呂蒙傳》(삼국지·오서·여몽전)〕

〈한자풀이〉
刮(괄):비비다. 目(목):눈. 相(상):서로. 對(대):대하다.

取

한 취: 취하다(take)
중 qǔ(취)   일 シュ(슈)

취할 취

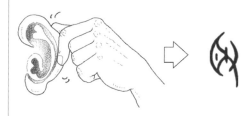

자형은 '귀'(耳)와 '손'(又=手)으로 이루어져 있다. 갑골문 자형 ''는 손(⺕)으로 귀(⺁)를 잡고 있는 모습으로, 본래의 뜻은 「귀를 베어 가지다」이다. 고대에는 전쟁할 때 사로잡은 적의 포로나 전사자들의 귀를 베어 바쳐서 전공(戰功)의 증거물로 삼았다. 「귀를 베어 가지다」라는 본래의 뜻에서 「취하다」, 「빼앗다」는 뜻이 생겼다.

귀
取 손

응용 : 取得 취득, 取材 취재, 爭取 쟁취, 取捨選擇 취사선택, 取消 취소, 取扱 취급, 奪取 탈취, 採取 채취, 去粗取精 거조취정, 舍生取義 사생취의, 取人之長, 補己之短 취인지장, 보기지단, 將欲取之, 必先與之 장욕취지, 필선여지.

쓰는 순서 一 丁 丌 丌 丨 耳 取 取   8획

自

한	자: 자기(oneself)
중	zì(쯔)
일	ジ(지) · シ(시)

스스로 자

갑골문 자형 ''는 사람의 '코' 모양이다. 본래의 뜻은 「코」였다. 중국 사람들은 옛날부터 '자기'를 가리킬 때 손가락으로 코를 가리키는 습관이 있었다. 그래서 '自'가 주로 「자기」란 뜻으로 쓰이게 되자 후에 소리부호 '畀'(비)를 덧붙여 따로 '鼻'(비:코)자를 만들었다. 공기는 코로부터 몸 속으로 들어가고 나오고 한다. 그래서 「…로부터」란 뜻도 갖게 되었다.

코의 모습

응용 : 自己 자기. 自立 자립. 自身 자신. 自由 자유. 自動 자동. 自力 자력. 自問 자문. 自信 자신. 自然 자연. 自律 자율. 自鳴鍾 자명종. 自助 자조. 自主 자주. 各自 각자. 獨自 독자. 自業自得 자업자득. 自暴自棄 자포자기.

쓰는 순서 : ′ ′ ′ 自 自 自   6획

49

33

臭

한	취: 냄새(odour)
중	chòu, xiù(처우 · 시우)

| 일 | シュウ(슈一) |

냄새 취

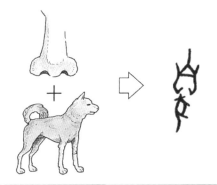

자형은 '自'(자)와 '犬'(견)으로 이루어져 있다. '自'는 「코」로, '鼻'(비:코)의 본래자이다. '개'(犬)는 냄새를 잘 맡기로 유명한 동물이다. 본래의 뜻은 「개가 코로 냄새를 맡다」이다. 이로부터 「냄새」란 뜻이 생겨났는데, 냄새 중에서도 좋은 냄새(香)가 아니라 주로 나쁜 냄새, 곧 악취(惡臭)를 가리키는 경우가 더 많다.

응용 : 惡臭 악취, 香臭 향취, 口尙乳臭 구상유취, 無色無臭 무색무취, 臭味相依 취미상의, 乳臭未除 유취미제, 同心之言, 其臭如蘭 동심지언, 기취여란, 如入鮑魚之肆, 久而不聞其臭 여입포어지사, 구이불문기취.

쓰는순서 ′ 자 白 白 自 自 臭 臭 臭   10획

코
臭
개

口

한	구: 입(mouth)
중	kóu(커우)
일	コウ(코-)・ク(쿠)

입구

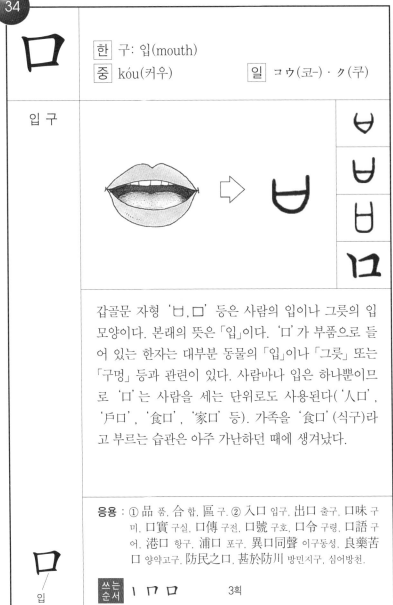

갑골문 자형 'ㅂ,口' 등은 사람의 입이나 그릇의 입 모양이다. 본래의 뜻은 「입」이다. '口'가 부품으로 들어 있는 한자는 대부분 동물의 「입」이나 「그릇」 또는 「구멍」 등과 관련이 있다. 사람마나 입은 하나뿐이므로 '口'는 사람을 세는 단위로도 사용된다('人口', '戶口', '食口', '家口' 등). 가족을 '食口'(식구)라고 부르는 습관은 아주 가난하던 때에 생겨났다.

응용 : ① 品 품, 合 합, 區 구. ② 入口 입구, 出口 출구, 口味 구미, 口實 구실, 口傳 구전, 口號 구호, 口令 구령, 口語 구어, 港口 항구, 浦口 포구, 異口同聲 이구동성, 良藥苦口 양약고구, 防民之口, 甚於防川 방민지구, 심어방천.

口
입

쓰는 순서 丨 冂 口   3획

51

35

曰

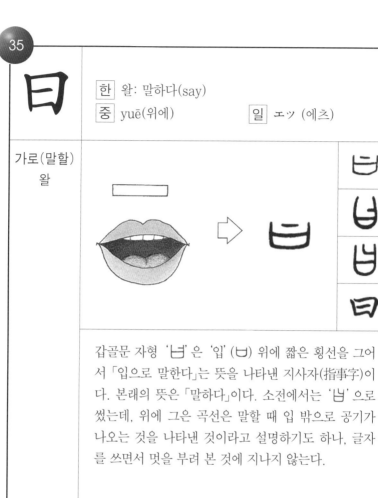

한 왈: 말하다(say)
중 yuē(위에)   일 エツ (에츠)

가로(말할)
왈

갑골문 자형 '녑'은 '입'(ㅂ) 위에 짧은 횡선을 그어서 「입으로 말한다」는 뜻을 나타낸 지사자(指事字)이다. 본래의 뜻은 「말하다」이다. 소전에서는 '녑'으로 썼는데, 위에 그은 곡선은 말할 때 입 밖으로 공기가 나오는 것을 나타낸 것이라고 설명하기도 하나, 글자를 쓰면서 멋을 부려 본 것에 지나지 않는다.

응용 : 孔子曰 공자왈. 孟子曰 맹자왈 . 曰可曰否 왈가왈부. 詩云子曰 시운자왈. 國人皆曰可殺然後殺之 국인개왈가살연후살지.

입김

曰

입

쓰는 순서   丨 冂 冃 曰   4획

52

甘

| 한 | 감: 달다(sweet) |
| 중 | gān(깐) | 反 | ㅋ苦(고) | 일 | カン(칸) |

달 감

고문의 자형 '甘'은 '입'(口) 안에 짧은 횡선을 그어
서, 입 안에 음식이 들어 있는데 그「맛이 달다」는 뜻
을 나타낸 지사자이다. 본래의 뜻은「달다」이다. 흔히
'甘美(감미)롭다'란 말을 쓰는데, '甘'과 '美'의 뜻
은 엄격히 말하자면 '甘'은 음식물의 맛이 좋은 것
을, '美'는 사물의 모양이 아름답거나 좋은 것을 나
타낸다(*美미 참조).

응용 : 甘酒 감주, 甘味 감미, 甘受 감수, 甘草 감초, 甘言 감언,
甘心 감심, 甘雨 감우, 甘泉 감천, 蜜甘 밀감, 甘呑苦吐
감탄고토, 苦盡甘來 고진감래, 小人之交甘若醴 소인지
교감약례, 直木先伐, 甘井先竭 직목선벌, 감정선갈.

甘－입
입안의 음식

쓰는
순서 一 十 廿 甘 甘   5획

舌

한	설: 혀(tongue)
중	shé(서)
일	ゼツ(제츠)

혀 설

갑골문 자형 '⸙'은 입 밖으로 혀를 길게 내밀고 좌우로 움직이는 모양이다. 본래의 뜻은 「혀」(tongue)이다. 혀는 입 안에 있으면서 「말」을 하고 「맛」을 구별하는 기관이다. '혀(舌)를 조심하라'는 말은 '말(言)을 함부로 하지 말라'는 뜻이다. 악기에서 소리를 내는 부분도 '혀'라고 한다.

응용 : 口舌 구설, 毒舌 독설, 筆舌 필설, 辯舌 변설, 利舌 이설, 長舌 장설, 舌戰 설전, 舌音 설음, 舌禍 설화, 舌鋒如火 설봉여화, 齒亡舌存 치망설존, 一口兩舌 일구양설.

혀

입

쓰는 순서 ˊ 一 千 千 舌 舌   6획

言

한	언: 말하다(speak)		
중	yán(옌)	일	ゲン(겐)·ゴン(곤)

말씀 언

갑골문 자형 '☒'은 입 밖으로 길게 뻗어나와 있는 '혀' (☒:舌) 위에 횡선을 그어서, 말을 하는 것은 곧 혀의 기능임을 나타내었다. 본래의 뜻은 「말」, 「말하다」이다. 금문과 소전에서 혀의 모양이 '☒', '☒' (辛)처럼 변하는 바람에 본래의 뜻을 알아보기 어렵게 되었다. 갑골문에서는 「言」과 「音」(음:소리)은 같은 뜻으로 쓰였다.

혀

응용 : 言語 언어, 言論 언론, 言行 언행, 言動 언동, 格言 격언, 失言 실언, 發言 발언, 直言 직언, 金言 금언, 甘言利說 감언이설, 忠言逆耳 충언역이, 鳥之將死, 其鳴也哀;人 之將死, 其言也善 조지장사, 기명야애; 인지장사, 기언야선.

言

입

쓰는 순서 `一 亠 亍 言 言 言 7획

55

音

한	음: 소리(voice)
중	yīn(인)
일	オン(온)·イン(인)

소리 음

자형은 '立'과 '曰'(왈)로 되어 있다. 그러나 자형의 변화과정을 소급해 보면, '音→音·音→音'과 같다. 갑골문에서 '音'은 '言'과 '音'이란 두 가지 뜻을 동시에 나타냈다. 그러나 금문 이후 입(口) 안에 짧은 횡선을 덧붙인 '音'(音)자를 따로 만들어 '입 안에서 나는 소리'란 뜻을 강조하여 '言'과 구별하였다. 본래의 뜻은 소리이다(*마음(心)에서 우러나오는 소리(音)가 '意'(의)이다).

응용 : 音聲 음성, 音樂 음악, 音色 음색, 音波 음파, 音響 음향, 高音 고음, 低音 저음, 母音 모음, 福音 복음, 和音 화음, 知音 지음, 雜音 잡음, 騷音 소음, 絲竹之音 사죽지음, 大樂之成, 非取乎一音 대악지성, 비취호일음.

혀
音 입

쓰는순서 ` ゛ ゛ ゛ 立 音 音 音 音   9획

56

40

齒

한 치: 이(tooth)

중 chǐ(츠)　　일 シ(시)

이 치

갑골문 자형 ‘’는 이를 문 채 ‘아’ 하고 입술을 벌렸을 때의 이빨의 모습이다. 본래는 「이빨」, 특히 「앞니」란 뜻을 나타낸 상형자였다. 금문 이후에는 소리 부호 ‘止’(지)를 덧붙여서 형성자(形聲字)가 되었다. 소나 말의 새끼는 1년에 이빨이 하나씩 생긴다. 그래서 ‘齒’는 사람이나 짐승의 「나이」를 가리키기도 한다.

응용 : 齒科 치과, 齒牙 치아, 齒列 치열, 齒音 치음, 齒藥 치약, 齒痛 치통, 幼齒 유치, 乳齒 유치, 蟲齒 충치, 義齒 의치, 年齒 연치, 脣亡齒寒 순망치한, 朱脣皓齒 주순호치, 脣齒相依 순치상의, 切齒腐心 절치부심.

쓰는 순서 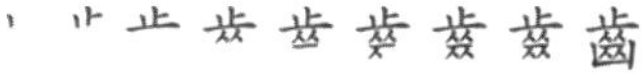 15획

脣亡齒寒(순망치한: 춘 왕 츠 한)

　　중국 춘추시대　때 진(晋) 나라 남쪽에 우(虞)와 괵(虢)이라는 작은 나라 둘이 있었습니다. 우 나라와 괵 나라는 바짝 붙어 있었고, 왕들은 서로 성(姓)이 같았습니다.

　　어느 날 진 나라 왕은 괵 나라를 침공할 계획을 세웠습니다. 하지만 진 나라가 괵 나라로 쳐들어가려면 반드시 우 나라를 거쳐 가야만 했습니다. 그래서 왕은 대신을 우 나라에 보내어 값비싼 선물을 주며 길을 빌려 달라고 부탁하도록 했습니다.

우 나라 왕은 값비싼 보물, 천리마 등 귀한 선물을 받고 아주 기뻐하며, 길을 빌려줄 것을 승낙했습니다.

이때 우 나라의 궁지기(宮之奇)란 재상이 말리며 말했습니다.

"절대로 진 나라에게 길을 빌려주면 안 됩니다. 입술이 없으면 이가 시리다고(脣亡齒寒), 우리와 서로 의지하던 괵 나라가 망하면 우리도 망할 것입니다. 진 나라는 괵 나라를 멸망시킨 다음에는 우리를 가만 두지 않을 것입니다."

하지만 왕은 선물에 눈이 어두워 재상의 말을 듣지 않고 진나라 군대에게 길을 내주었습니다.

진 나라는 괵을 멸망시긴 뒤, 과연 재상의 말대로 우 나라도 멸망시켰습니다. 순망치한(脣亡齒寒)은 이처럼 서로 가까이 의지하던 사이에서 한쪽이 없어지면 다른 한쪽도 피해를 본다는 뜻을 나타내는 말입니다.

〔출처:《左傳·僖公五年》(좌전·희공오년)〕

〈한자풀이〉

脣(순):입술.　亡(망):망하다.　齒(치):이빨.　寒(한):춥다.

牙

한	아: 이빨(tooth. teeth)		
중	yá(야)	일	ガ(가) · ゲ(게)

어금니 아

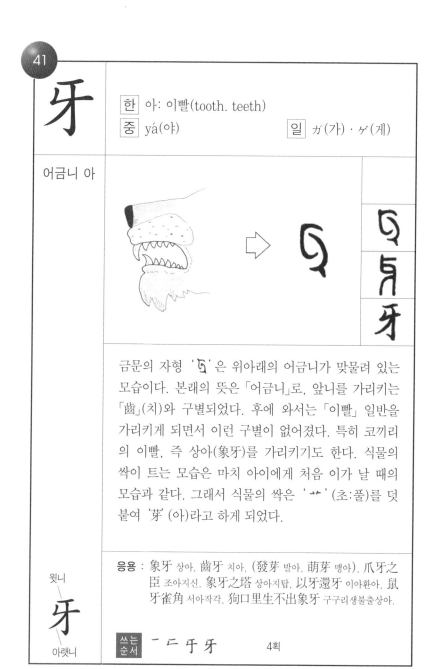

금문의 자형 '𬜯'은 위아래의 어금니가 맞물려 있는 모습이다. 본래의 뜻은 「어금니」로, 앞니를 가리키는 「齒」(치)와 구별되었다. 후에 와서는 「이빨」일반을 가리키게 되면서 이런 구별이 없어졌다. 특히 코끼리의 이빨, 즉 상아(象牙)를 가리키기도 한다. 식물의 싹이 트는 모습은 마치 아이에게 처음 이가 날 때의 모습과 같다. 그래서 식물의 싹은 '艹'(초:풀)를 덧붙여 '芽'(아)라고 하게 되었다.

응용 : 象牙 상아, 齒牙 치아, (發芽 발아, 萌芽 맹아), 爪牙之臣 조아지신, 象牙之塔 상아지탑, 以牙還牙 이아환아, 鼠牙雀角 서아작각, 狗口里生不出象牙 구구리생불출상아.

윗니
牙
아랫니

쓰는 순서	一 匸 干 牙	4획

首

한 수: 머리(head)
중 shǒu(셔우)   일 シュ(슈)

머리 수

갑골문 자형 '　' 은 머리카락과 눈과 머리 부위로 이루어진 상형자였다(머리카락이 없는 것도 있다). 그러나 금문의 자형 '　' 은 '눈'(　)과 '머리카락'(　)만의 모습으로, 본래의 뜻은 「머리」이다. 자형에서의 '百' 부분은 '面'(면:얼굴)과 '頁'(혈:머리)과 '頭'(두:머리)에 공통으로 들어 있다. 「머리」란 뜻에서 「우두머리」, 「첫째」란 뜻도 생겨났다.

응용 : 首席 수석, 首位 수위, 首都 수도, 首領 수령, 首相 수상, 首足 수족, 黨首 당수, 元首 원수, 自首 자수, 首丘之情 수구지정, 首尾相連 수미상련, 頓首再拜 돈수재배, 身首異處 신수이처, 囚首喪面 수수상면.

머리털

눈 — 首
이마

쓰는순서 ` ` ` ㅗ ㅗ ㅛ ㅛ 首 首 首 首   9획

頁

한	혈: 머리(head)
중	yé(예)
일	ケツ(케츠)

머리 혈

자형은 '百'과 'ハ'로 되어 있다. '百'은 머리카락
과 눈의 모습으로, 본래의 뜻은 「머리」이다. 자형에서
아래의 'ハ'은 꿇어 앉은 사람의 모습 ' ♀ '이 변한
것이다. 자형의 변화과정을 소급해 보면 '頁 → ♀ →
♀ → ♀ ' 등으로, 갑골문 자형 ' ♀ '은 사람의 머리카
락, 머리, 눈과 꿇어 앉은 자세가 생생하게 나타나 있
다. '頁'은 주로 부수자로 쓰여서 「머리」(頭)와 관련
된 뜻의 한자를 만드는 데 사용된다.

응용 : 頂 정:꼭대기, 頃 경:기울다, 項 항:목덜미, 順 순:좇다, 頭
두:머리, 領 령:목, 勁 경:목, 頰 협:뺨, 額 액:이마, 顔 안:
얼굴, 顯 현:드러나다.

머리
눈
頁
몸

쓰는 순서 一 厂 厂 万 頁 頁 頁 頁 頁　　9획

長

| 한 | 장: 길다(long). 나이든 어른(old man) |
| 중 | cháng, zhǎng(창.장) 反 短(단) 일 チョウ(쵸-) |

길 장

갑골문 자형 '𠂤·𠂤·𠂤' 등은 구부정한 허리에 지팡이를 짚은 사람의 머리 위로 머리카락이 길게 뻗어 있는 모습이다. 본래의 뜻은 「머리카락이 길다」이다. 그리고 이것은 「나이든 어른」들에게서 흔히 볼 수 있는 모습이므로 이로부터 「나이 먹다」, 「어른」, 「우두머리」란 뜻이 생겼다. 「길다」는 본래의 뜻에서 「길게 자라다」란 뜻도 생겼다.

머리털

지팡이 ／ ＼ 몸

응용: 長身 장신. 長城 장성. 長男 장남. 長女 장녀. 長幼 장유. 長老 장로. 長文 장문. 長蛇陳 장사진. 長幼有序 장유유서. 一長一短 일장일단. 取人之長, 補己之短 취인지장. 보기지단. 人貧智短. 馬瘦毛長 인빈지단. 마수모장.

쓰는 순서 ｜ ｜ ￡ ￡ 토 長 長 長   8획

63

老

한 로: 늙다(old, aged)

중 lǎo(라오)

일 ロウ(로-)

늙을 로

갑골문 자형 ''은 몇 올 안 되는 긴 머리카락과 구부정한 허리를 한 노인이 손에 지팡이를 짚고 걸어 가는 모습으로, 이것은 노인의 전형적인 모습이다. 본 래의 뜻은 「늙다」, 「나이가 많다」이다. 나이든 사람은 경험이 풍부하여 아는 것이 많다. 그래서 아는 것이 많다는 것을 나타내는 말에도 쓰인다(예:老鍊 노련 하 다).

응용 : 老人 노인, 老母 노모, 老木 노목, 老年 노년, 老少 노소, 老熟 노숙, 老後 노후, 元老 원로, 長老 장로, 村老 촌로, 養老院 양로원, 敬老席 경로석, 生老病死 생로병사, 身 老心不老 신로심불로, 老馬識途 노마식도.

머리털 — 老 — 팔

지팡이

쓰는 순서 ㅡ 十 耂 耂 老 老   6획

64

46

孝

한	효: 효도(filial piety)	
중	xiào(샤오)	일 コウ(코-)

효도 효

자형은 '耂'(老의 생략형)와 '子'로 되어 있다. 금문의 자형 '𡥀'는 '아이'(子)가 '노인'(耂)을 등에 업고 가는 모습으로, 본래의 뜻은 「효도」이다. 늙은 부모를 등에 업고 가는 아들의 이러한 행동이야말로 효심(孝心)의 표현이다. 집 안에서 자기 부모에게 효도하는 사람은 밖에 나가서 남의 부모와 윗사람도 공경할 줄 안다.「맹자」(孟子)의 "老吾老, 以及人之老"(노오로, 이급인지로)란 말이 바로 이런 뜻이다.

노인

아들

응용: 孝子 효자. 孝女 효녀. 孝婦 효부. 孝道 효도. 孝行 효행. 孝心 효심. 孝誠 효성. 不孝子 불효자. 忠孝 충효. 孝爲百行之本 효위백행지본. 不孝之子 불효지자. 移孝爲忠 이효위충. 忠臣孝子 충신효자. 母慈子孝 모자자효.

쓰는순서 一 十 土 耂 老 孝 孝   7획

한	심: 마음(mind). 심장(heart)
중	xīn(씬)
일	シン(신)

마음 심

고문의 자형 '♡, ♨, ♨, ♨' 등은 좌우 심방(心房)으로 나뉘어져 있는 심장의 모습이다. 금문 중에는 가운데 'ㅣ'을 덧붙여 심장의 판막을 나타낸 것도 있다. 본래의 뜻은 「심장」이다. 카드의 하트(heart) 모양과 매우 흡사하다. 「心」을 부수자로 쓰는 경우에는 '忄'으로 쓸 때도 있고(예:性, 怪, 愼), '小'으로 쓸 때도 있다(예:恭).

혈관

심방

응용 : 心血 심혈, 心性 심성, 心身 심신, 心氣 심기, 心理 심리, 心服 심복, 心中 심중, 心志 심지, 安心 안심, 無心 무심, 苦心 고심, 疑心 의심, 信心 신심, 中心 중심, 本心 본심, 路遙知馬力, 日久見人心 노요지마력, 일구견인심.

쓰는 순서 ㅣ 心 心 心   4획

手

| 한 | 수: 손(hand) |
| 중 | shǒu(셔우) | 일 シュ(슈) |

손 수

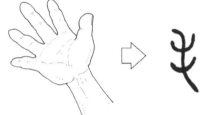

금문의 자형 '𡴤'는 손가락 다섯 개를 쭉 펴고 있는 손의 모습이다. 가운데 있는 긴 것이 중지(中指)이다. 본래의 뜻은 「손」이다. 중지의 끝을 구부린 모양으로 그린 것은 자형에 변화를 주어 멋을 부린 것인데, 이 때문에 나중에 와서 손의 모습과는 거리가 있게 되었다. 손(手)이 부수자로 쓰이거나 자소(字素)로 쓰일 때는 「扌」, 「又」(우), 「寸」(촌), 「爪」(조), 「E彐」, 「ㅠ」 등 다양한 모양으로 변한다.

응용 : 手中 수중, 手足 수족, 手工 수공, 手巾 수건, 手法 수법, 手術 수술, 手藝 수예, 手記 수기, 歌手 가수, 選手 선수, 自手成家 자수성가, 束手無策 속수무책, 一擧手一投足 일거수일투족, 如入寶山空手回 여입보산공수회.

중지
약지 식지
手
새끼 엄지
손가락 손목

쓰는순서 ノ ニ 三 手   4획

49

拜

한	배: 절하다(do obeisance)		
중	bài(바이)	일	ハイ(하이)

절 배

금문의 자형 '拜·拜'는 두 손을 마주 합한 채 아래로 숙여서 상대방에게 「경례」를 하는 모습이다. 합장하고 머리를 숙여 인사할 때의 손의 모습으로, 본래의 뜻은 「절하다」이다. 엎드린 채 머리를 땅에 닿게 하는 절은 '叩首'(고수), 또는 '頓首'(돈수)라고 하는데, '拜'는 합장한 채 머리를 숙이기만 하고, 머리를 땅에 닿게는 하지 않는 절이다.

응용: 再拜 재배, 百拜 백배, 參拜 참배, 崇拜 숭배, 答拜 답배, 伏拜 복배, 禮拜 예배, 遙拜 요배, 拜送 배송, 拜謁 배알, 頓首再拜 돈수재배, 焚香禮拜 분향예배.

왼손

오른 손

쓰는 순서 ´ ⺧ ⺧ 手 手 手 手 拜 拜   9획

68

又

한 우: 또(and)

중 yòu(요우)

일 ユウ(유―)

또 우

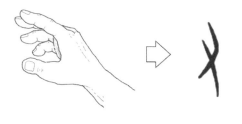

고문의 자형 '굿'은 '오른 손'을 뻗고 있는 모습으로, 본래의 뜻은 「오른 쪽」(側), 또는 「오른 손」(右手)이었다. 그래서 '又'가 부수자나 자소(字素)로 들어 있는 한자들은 모두 「오른손」과 관련이 있다. 갑골문과 금문에서 「又」는 또 '右'(우:오른쪽), '有'(유:가지고 있다) 등의 뜻으로 가차되고 있다. 후에 와서는 주로 「또」, 「재차」란 뜻으로 쓰이게 되었다.

응용 : ① 取 취:취하다, 友 우:벗, 反 반:뒤집다, 奴 노:노예, 及 급:미치다, 服 복:누르다, 有 유:가지다, 右 우:오른쪽, 雙 쌍: 쌍·둘, 受 수:받다. ② 又驚又喜 우경우희, 損之又損 손지 우손, 野火燒不盡, 春風吹又生 야화소부진, 춘풍취우생.

오른쪽 손가락

 손목

엄지 손가락

쓰는 순서 フ又   2획

揠苗助長(알묘조장: 야 미아오 쭈 창)

　　중국 송(宋) 나라에 어떤 농사꾼이 있었는데, 밭의 보리가 더디게 자란다고 밤낮으로 걱정을 했습니다.

　　하루는 또 그 걱정을 하다가 좋은 생각이 떠올라 밭으로 달려갔습니다. 밭으로 들어간 농부는 보리 이삭 하나하나를 위로 조금씩 뽑아 올렸습니다.

이 일을 다 마친 농부는 몸은 기진맥진하였지만 기분은 좋았습니다. 이렇게 하면 보리가 빨리 자랄 수 있다고 생각했기 때문입니다.

집으로 돌아간 농부는 자기가 한 일을 아들에게 자랑했습니다. 아들은 아버지의 얘기를 듣고 깜짝 놀라,

"아버지, 어쩌려고 그런 일을 하셨습니까?"

라고 말하며, 급히 밭으로 뛰어가 보았습니다.

그곳에 가 보니 과연 아들이 걱정한 대로 농부가 뽑아 놓은 보리 이삭들은 이미 다 시들어 버렸습니다.

어리석은 농부의 행동에서 나온 알묘조장(揠苗助長)이란 성어는 성급한 마음에 오히려 일을 망쳐 놓는 경우를 가리키게 되었습니다.〔출처: 《孟子·公孫추》(맹자·공손추)〕

〈한자풀이〉

揠(알):뽑다. 苗(묘):이삭, 싹. 助(조):돕다. 長(장):자라다.

友

우: 벗(friend)

중 yǒu(요우)

일 コ ウ(유—)

벗 우

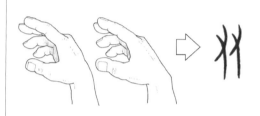

지금의 자형 '友'는 'ナ'(左:왼손)와 '又'(右:오른손)로 되어 있지만, 고문의 자형 '𠬶'는 두 사람의 오른쪽 손(又)이 함께 모여 같은 방향을 향하고 있는 모습으로, '뜻이 맞는 친한 사람들이 함께 손을 잡고 일하거나 친하게 지내다'는 뜻을 나타냈다. 본래의 뜻은 「친구」또는「친하게 지낸다」이다. '朋'(붕)은 같은 스승을 둔 사람, '友'는 뜻을 같이 하는 사람을 가리킨다고 한다.

응용 : 交友 교우, 朋友 붕우, 級友 급우, 鄕友 향우, 友好 우호, 友情 우정, 友愛 우애, 友軍 우군, 友邦 우방, 竹馬故友 죽마고우, 取友必端 취우필단, 忘年之友 망년지우, 莫逆 之友 막역지우, 不知其子, 視其友 부지기자, 시기우.

왼손

友

오른손

쓰는 순서 一 ナ 方 友   4획

72

及

한	급: 미치다(reach). 따라잡다(catch up with)
중	jí(지)
일	キュウ(큐-)

미칠 급

자형은 'ㄱ'(人)과 '又'로 되어 있다. 갑골문 자형 '及'은 앞서 가는 사람(ㄱ→ㄱ)을 뒤에서 한 손(ㄱ→ㄱ→又)으로 붙잡은 모양으로, 본래의 뜻은 「따라잡다」, 「미치다」이다. 「도달하다」(到), 「이르다」(至)는 뜻은 「붙잡다」는 본래의 뜻으로부터 파생된 것이다(예: '言及' 언급, '波及' 파급, '普及' 보급 등).

앞서가는 사람

응용 : 及第 급제. 追及 추급. 過猶不及 과유불급. 推己及人 추기급인. 壯元及第 장원급제. 後悔莫及 후회막급. 見善如不及 견선여불급. 城門失火, 殃及池魚 성문실화, 앙급지어. 小人群居終日, 言不及義 소인군거종일, 언불급의.

쓰는순서 ㄱ ㄋ 乃 及   4획

73

53

한	좌: 왼쪽(left)	
중	zuǒ(쭈어)	일 サ(사)

왼 좌

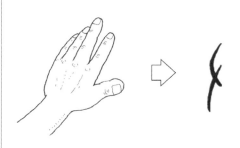

갑골문 자형 'ᠺ'은 왼손의 모습을 본뜬 것으로, 오른 손의 모습을 나타낸 'ᠵ'와 좌우 대칭형이다. 본래의 뜻은 「왼쪽」이다. 금문에서부터 工(공)을 덧붙여서, 왼손은 주로 '작업'을 할 때 쓴다는 뜻을 나타냈다. 옛날 사람들은 오른쪽을 귀하고 강한 것으로, 왼쪽을 천하고 약한 것으로 여겼다. 그래서 직위가 낮아지는 것을 '좌천'(左遷)이라 했다. '좌익'(左翼), '左派 (좌파)란 말도 이로부터 파생된 것이다.

응용 : 左右 좌우, 左側 좌측, 左傾 좌경, 左派 좌파, 左遷 좌천, 左之右之 좌지우지, 左翼 좌익, 左顧右眄 좌고우면, 左衝右突 좌충우돌, 左史右經 좌사우경, 左手畵方, 右手畵圓 좌수화방, 우수화원.

왼손

左

도끼·공구

쓰는 순서 一 ナ ナ ナ 左   5획

한	부: 아버지(father)	
중	fù(푸)	일 ㄱ(후)

아버지 부

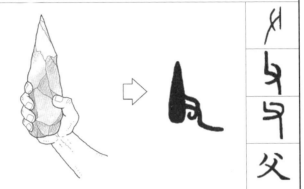

갑골문 자형 ''은 한 손(又)에 돌도끼(丨)를 들고 있는 모습으로, 본래의 뜻은 「돌도끼를 들고 밭에서 일하는 남자」, 또는 「나무 몽둥이를 들고 밭에서 일을 지휘감독하고 있는 어른」이다. 어머니(母)에 상대되는 「아버지」(父)란 뜻을 갖게 된 것은 후에 와서이다. '父'가 자소(字素)로 쓰일 때에는 '부'란 소리만 나타낸다(예:斧 부: 도끼, 釜 부: 솥 등).

응용 : 父母 부모, 父子 부자, 父女 부녀, 父親 부친, 父兄 부형, 叔父 숙부, 伯父 백부, 祖父 조부, 神父 신부, 父傳子傳 부전자전, 父子有親 부자유친, 不知其子, 視其父 부지기자, 시기부, 一日之師, 終身爲父 일일지사, 종신위부.

돌도끼

손

쓰는 순서	' ' ' ' 父	4획

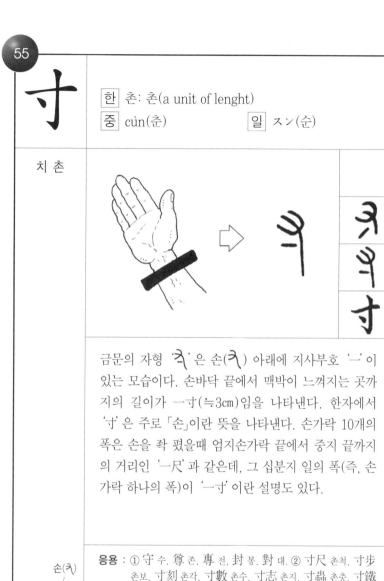

55

寸

한 촌: 촌(a unit of lenght)
중 cùn(춘)   일 スン(슨)

치 촌

금문의 자형 '寸'은 손(寸) 아래에 지사부호 '一'이 있는 모습이다. 손바닥 끝에서 맥박이 느껴지는 곳까지의 길이가 一寸(≒3cm)임을 나타낸다. 한자에서 '寸'은 주로 「손」이란 뜻을 나타낸다. 손가락 10개의 폭은 손을 좍 폈을때 엄지손가락 끝에서 중지 끝까지의 거리인 一尺과 같은데, 그 십분지 일의 폭(즉, 손가락 하나의 폭)이 一寸이란 설명도 있다.

손(寸)

응용: ① 守 수, 尊 존, 專 전, 封 봉, 對 대. ② 寸尺 촌척, 寸步 촌보, 寸刻 촌각, 寸數 촌수, 寸志 촌지, 寸蟲 촌충, 寸鐵殺人 촌철살인, 寸進尺退 촌진척퇴, 寸步難移 촌보난이, 方寸之地 방촌지지, 一寸光陰一寸金 일촌광음일촌금.

지사부호

쓰는순서 一 十 寸   3획

76

守

한 수: 지키다(guard)
중 shǒu(셔우)   일 シュ(슈)·ス(수)

지킬 수

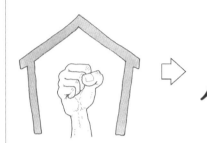

자형은 '宀'(宀:집)과 '寸'(ヨ:손)으로 되어 있다. 어떤 자형에서는 '寸'(寸)이 '又'(又)로 되어 있다. 집 안에 큰 손이 있어서 외부의 침입으로부터 집을 지키고 있는 모습으로, 본래의 뜻은 「집을 지키다」이다. 이로부터 「유지한다」, 「지킨다」는 뜻(예:保守 보수, 固守 고수)과, 맡은 바 일이나 「직무를 수행한다」는 등의 뜻(예:守分 수분, 職守 직수)을 갖게 되었다.

집
守
손

응용 : 守備 수비, 守成 수성, 守令 수령, 守門 수문, 守節 수절, 守錢奴 수전노, 保守 보수, 固守 고수, 守株待兔 수주대토, 知其白, 守其黑 지기백, 수기흑, 知其榮, 守其辱 지기영, 수기욕, 創業難, 守成更難 창업난, 수성경난.

쓰는 순서 `丶丷宀宀守守`   6획

爪

한	조: 손톱(nail). 손(hand)
중	zhǎo(자오)
일	ソウ(소-)

손톱 조

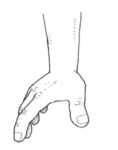

갑골문 자형 '𝄄·𝄄' 등은 손가락을 벌린 채 아래를 향하여 물건을 잡으려고 할 때의 손의 모습으로, 본래의 뜻은 「손으로 잡다」이다. '爪'가 부수자나 자소로 들어 있는 한자들은 모두 '손으로 잡는' 동작과 관련이 있다. 금문의 자형 중에는 손에 손톱을 그려 넣어서(𝄄) 「손톱」이란 뜻을 나타내고 있는 것도 있다(*참고: 瓜과:오이, 참외 와 혼동하기 쉽다).

손등

爪

손가락

응용 : ① 爲 위, 爭 쟁, 採 채, 受 수, 援 원, 愛 애, 覓 멱, 奚 해. ② 爪牙 조아:손톱과 어금니. 자기를 수호하고 보호해 주는 사람. 虎爪象牙 호조상아, 爪牙之將 조아지장, 爪牙之臣 조아지신, 官不威, 爪牙威 관불위, 조아위.

쓰는순서 ㅡ ㄷ ㄣ 爪 　4획

受

한 수: 받다(receive)
중 shòu(서우)
일 ジュ(쥬)

받을 수

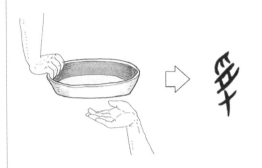

자형은 '爫'와 '冖'과 '又' 세 부분으로 되어 있다. 갑골문 자형 '爰'은 한쪽 손(爫:爪)이 건네 주는 물건(冖)을 다른 쪽 손(又)이 받고 있는 모습으로, 본래는 「주다」는 뜻과 동시에 「받다」는 뜻을 모두 가지고 있었으나, 나중에 와서 「주다」는 뜻은 손(扌)을 하나 더 보탠 '授'(수:주다)로 쓰고, 「受」는 「받다」는 뜻만을 나타내게 되었다.

응용 : 受賞 수상, 受信 수신, 受命 수명, 受業 수업, 受容 수용, 受取 수취, 受刑 수형, 受惠 수혜, 甘受 감수, 接受 접수, 引受 인수, 當斷不斷, 必受其亂 당단부단, 필수기란, 小杖則受, 大杖則走 소장즉수, 대장즉주.

손 물건

손

쓰는 순서   ⌒ ⌒ ⌒ ⼎ ⼎ ⼎ 受 受   8획

| 한 | 채: 따다(pluck). 캐다(mine) |
| 중 | cǎi(차이) | 일 | サイ(사이) |

딸 채

 ⇨

지금의 자형은 '扌'(手:손)와 '爫'(爪:조)와 '木'(목: 나무) 세 부분으로 되어 있지만, 고문에서는 위쪽에 '爪'가, 아래쪽에 '木'이 있는 '采'(采)로만 썼다. 손이 나무 위에 있는 모습으로, 본래의 뜻은 나무의 과일이나 꽃이나 잎을 「따다」이다. 땅 속에 있는 것을 캐는 것도 '採'라고 하고, 여럿 중에서 가려내는 것도 '採'라고 한다.

응용 : 採取 채취. 採算 채산. 採集 채집. 採炭 채탄. 採掘 채굴. 採用 채용. 採擇 채택. 採納 채납. 採光 채광. 採鑛 채광. 伐採 벌채. 採薪之憂 채신지우. 採蘭贈藥 채란증약.

손 손
나무

쓰는 순서 一 十 扌 扩 扩 扩 採　11획

支

한	지: 가지(branch)
중	zhī(즈)
일	シ(시)

가지 지

 ⇨

금문의 자형 '支'는 대나무 가지('↑')를 손으로('ㅋ') 잡고 있는 모습으로, 본래의 뜻은 「나무 가지」이다. 후에 「나무 가지」란 뜻은 「木(목)」을 덧붙여 「枝(지)」로 쓰고, 팔과 나리 등 몸의 가지는 「肉(육)」(月:고기)을 덧붙여 「肢(지)」로 썼다. 「손」으로 잡고 있다는 뜻에서 「支撐」(지탱), 「支持」(지지) 등의 말이, 「가지」처럼 갈라져 나간다는 뜻에서 「支出」(지출), 「支店」(지점), 「支流」(지류) 등의 말이 생겼다.

응용 : 支柱 지주, 支流 지류, 支川 지천, 支派 지파, 支所 지소, 支局 지국, 支部 지부, 支持 지지, 支配 지배, 支出 지출, 收支 수지, 支離滅裂 지리멸렬, 獨木難支 독목난지, 呑舟之魚 不游支流 탄주지어, 불유지류.

대나무 가지

손

| 쓰는 순서 | 一 十 ㅋ 支 | 4획 |

守株待兎(수주대토: 셔우 주 따이 투)

옛날 중국 송(宋) 나라에 한 농부가 살았습니다.

하루는 농부가 밭을 갈고 있는데, 갑자기 어디선가 토끼 한 마리가 나는 듯이 뛰어 오더니 밭 가에 있는 나무 그루터기에 꽝 하고 세게 부딪혔습니다.

워낙 빨리 뛰다가 부딪혔기 때문에 토끼는 그 자리에서 죽어버리고 말았습니다.

농부는 밭을 갈던 쟁기를 버리고 얼른 그 그루터기로 뛰어가서 죽은 토끼를 주웠습니다. 생각지도 않은 횡재를 했다고 농부는 기뻐했습니다.

그 다음 날부터 농부는 밭을 갈 생각은 하지 않고 하루 종일 그루터기에 걸터 앉아 토끼를 기다리기 시작했습니다. 그러나 하루가 가고 이틀이 가고, 아무리 기다리고 기다려도 다시는 그런 토끼가 나타나지 않았습니다. 그렇게 하루 종일 토끼만을 기다리던 농부는 결국 농사를 다 망치고 말았습니다.

사람들은 이 농부의 어리석음을 비꼬는 뜻인 수주대토(守株待兎)라는 성어로, 노력은 하지 않고 허황된 횡재를 꿈꾸는 경우나, 융통성 없이 불가능한 생각을 고집하다가 결국 실패하고 마는 경우를 비유하게 되었습니다.〔출처:《孟子·公孫추》(맹자·공손추)〕

〈한자풀이〉
守(수): 지키다. 株(주): 뿌리, 줄기. 待(대): 기다리다.
兎(토): 토끼.

攴

한 복: 치다(beat, hit)
중 pū(푸)
일 ボく(보쿠)

칠 복

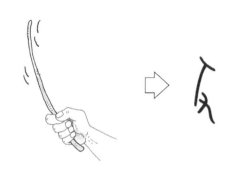

자형은 '卜'과 '又'로 되어 있다. '攴'의 갑골문 자형 '攴·攴·攴' 등은 한 손(又)에 회초리나 몽둥이나 방망이 같은 무기나 도구(卜·丨)를 들고 때리거나 치는 모습이다. 본래의 뜻은 「치다」, 「때리다」이다. 그러나 이 자가 단독으로 쓰이는 경우는 없고, 부수자로 쓰여서 회초리나 막대기로 치거나 때리는 행위와 관련이 있음을 나타낸다(*이때는 자형이 '攴→攵'으로 변하고, 매는 항상 뒤에서 치므로, 자형의 오른쪽에 놓인다).

응용 : 攻 공:치다, 改 개:고치다, 敎 교:가르치다, 牧 목:다스리다, 政 정:바로잡다, 散 산:흩뜨리다, 畋 전:사냥하다·밭갈다, 敗 패:패하다·부수다, 效 효:본받다, 敵 적:대항하다.

회초리

攴

손

쓰는 순서 一 卜 攴 攴   4획

改

한 개: 고치다(correct). 바꾸다(change)

중 gǎi(까이)   일 カイ(카이)

고칠 개

자형은 '己'(기)와 '攵'(복)으로 이루어져 있다. 갑골문 자형 '改'는 손에 회초리나 채찍을 들고 꿇어 앉아있는 사람을 때리는 모습이다. 본래의 뜻은「회초리로 때려서 잘못을 뉘우치고 고치도록 한다」이다.「잘못을 고치다」라는 본래의 뜻으로부터, 잘못된 상태에서 옳은 상태로「바꾸다」란 뜻이 생겨났다.

손에 회초리를
든 모습

아이

응용 : 改良 개량. 改革 개혁. 改作 개작. 改名 개명. 改造 개조. 改善 개선. 改正 개정. 改悛 개전. 朝令暮改 조령모개. 改過遷善 개과천선. 知過必改 지과필개. 過則勿憚改 과즉물탄개. 江山易改. 本性難移 강산이개. 본성난이.

쓰는
순서　　フ　コ　己　改　改　改　改　　　7획

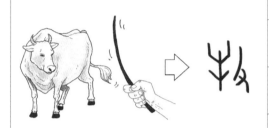

牧

63

한 목: 기르다(raise). 치다(herd)

중 mù(무)　　　일 ボク(보쿠)

기를 목

자형은 '牛'(우:소)와 '攵'(복)으로 되어 있다. 갑골문 자형 은 손에 회초리나 채찍을 들고(攴→攵) '소'(牛)를 때리고 있는 모습으로, 본래의 뜻은 소나 양 등을 「놓아서 기르다」(放牧)이다. 소나 양 등의 가축을 기르듯이, 백성들을 '보살피고 다스린다'는 뜻에서 '牧民'(목민)이란 말이 생겼다.

응용 : 牧牛 목우, 牧夫 목부, 牧民 목민, 牧童 목동, 牧場 목장, 牧歌 목가, 牧畜 목축, 牧者 목자, 牧師 목사, 司牧 사목, 放牧 방목, 遊牧 유목, 不牧之地 불목지지, 樵語牧唱 초어목창.

소　회초리

牧

손

쓰는순서 ′ ⌐ 扌 牜 牜 牧 牧 牧　8획

86

殳

한	수: 몽둥이
중	shū(수)
일	シュ(슈)

몽둥이 수

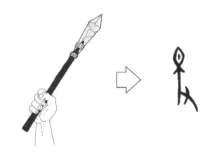

자형은 '冗'와 '又'로 되어 있다. 갑골문 자형 '𣪊·
𣪊·𣪊' 등은 '손'(又)에 몽둥이 종류의 '무기'(𣪊,
𣪊)를 들고 있는 모습으로, 본래의 뜻은 「몽둥이」이
다. 금문에서는 몽둥이의 자루가 굽어 있다(𣪊). 부
수자로 '殳'가 들어 있는 한자는 대부분 손에 몽둥이
나 그와 비슷한 종류의 연장이나 무기를 들고 때리거
나 치는 것과 관련이 있다.

응용 : 投 투:던지다. 役 역:부리다. 殺 살:죽이다. 段 단:치다. 毅
의:굳세다. 般 반:돌리다. 毁 훼: 헐다·멸하다. 毆 구:때리다.

몽둥이

손

쓰는
순서　丿 冗 殳 殳　4획

87

役

한	역: 부리다(force work)
중	yì(이)
일	ヤク(야쿠) · エキ(에키)

부릴 역

갑골문 자형 '役'은 손에 몽둥이를 들고 '사람'에게 '일을 시키고 있는' 모습이다. 본래의 뜻은 「사람을 부리다」, 「남에게 일을 시키다」이다. 지금의 자형에서 는 '亻'(人)이 '彳'(行)으로 변하여, 어떤 행위(行)가 강제적으로 행하여지고 있음을 나타냈다. '兵役'(병역), '使役'(사역), '懲役'(징역), '苦役'(고역) 등 은 본래의 뜻으로 쓰인 예들이다.

사람　몸둥이

役

손

응용 : 役使 역사. 役軍 역군. 役割 역할. 主役 주역. 重役 중역. 現役 현역. 賦役 부역. 賤役 천역. 豫備役 예비역. 社稷 之役 사직지역. 心爲形役 심위형역.

쓰는 순서　丶　彳　彳　彳　役　役　役　7획

66

止

한 지: 발(foot). 멈추다(stop)

중 zhǐ(즈) 일 シ(시)

발 지

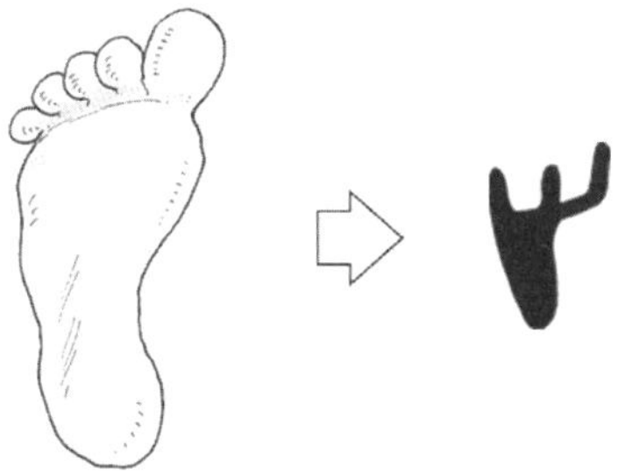

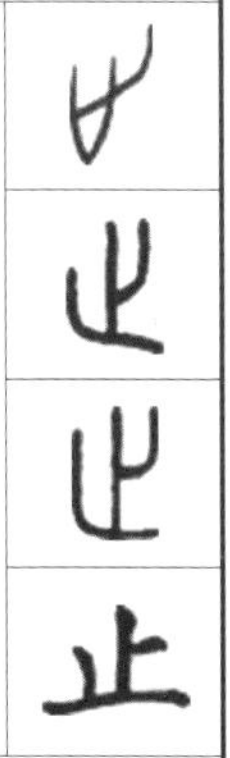

갑골문 자형 '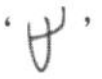'은 엄지발가락을 벌리고 있는 발의 모습이다. 발의 모양을 단순화시켜서 발가락 다섯 개를 세 개로 줄여서 그렸다(). 옆으로 삐져 나온 부분이 엄지발가락이다. 발은 걸어갈 때도 쓰고 가던 길을 멈출 때도 쓴다. 본래의 뜻은 「가다」, 「멈추다」이다. '止'가 부수자나 자소(字素)로 들어 있는 한자는 가거나 멈추는 「발의 동작」과 관련된 뜻을 나타낸다.

응용 : ① 企 기, 步 보, 正 정, 武 무, 歷 력. ② 中止 중지, 制止 제지, 禁止 금지, 抑止 억지, 止血 지혈, 止痛 지통, 流言止於智者 유언지어지자, 知止不辱, 知足不殆 지지불욕, 지족불태, 樹欲靜而風不止 수욕정이풍부지.

쓰는 순서  4획

企

한 기: 도모하다(plan)
중 qǐ(치)　　　일 キ(키)

도모할 기

자형은 '人'(사람) 아래에 '止'(지:발)가 있는 모습이다. 갑골문 자형 ' '은 서 있는 사람의 발을 크게 그려서 발의 특정한 자세와 관련이 있음을 나타냈다. 본래의 뜻은 「발 뒤꿈치를 들다」이다. 이처럼 「발돋움」을 하는 것은 멀리 있는 것을 더 잘 보기 위해서이다. 그래서 미래의 일을 「꾀하다」, 「도모하다」 등의 뜻이 생겼다.

사람(人)

企

발

응용 : 企及 기급, 企劃 기획, 企圖 기도, 企求 기구, 企效 기효, 企業 기업, 企望 기망, 企待 기대, 不可企及 불가기급, 引領企踵 인령기종, 企踵可待 기종가대, 企者不立, 跨者不行 기자불립, 과자불행.

쓰는 순서　ノ　人　个　仐　仚　企　6획

90

歩

| 한 | 보: 걸음(step). 걷다(walk) |
| 중 | bù(뿌) | 일 | ホ(호) · ブ(부) |

걸음 보

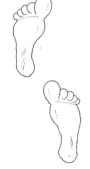

자형은 '止'와 '夗'가 위아래로 겹쳐진 모습이다. '夗'는 '止'를 위아래를 뒤집어 쓴 것의 변형으로, 역시 발을 나타낸다. 두 발이 앞뒤로 있는 모습으로, 본래의 뜻은 「걷다」, 「걸음」이다. 이로부터 '步'에는 「두 발을 각각 한 번씩 옮긴 거리」라는 뜻이 생겼다(*半步(반보), 즉 앞발과 뒷발을 벌린 거리는 '跬'(규)라고 한다).

응용 : 步行 보행, 步道 보도, 步兵 보병, 散步 산보, 徒步 도보, 巨步 거보, 半步 반보, 獨步一時 독보일시, 長足進步 장족진보, 邯鄲學步 한단학보, 五十步笑百步 오십보소백보, 終身讓路. 不枉百步 종신양로. 불왕백보.

왼발

步

오른발

쓰는 순서 ㅣ ㅏ ㅑ 止 歨 步 步   7획

91

正

한	정: 바르다(right)
중	zhèng(정)
일	セイ(세이)·ショウ(쇼-)

바를 정

자형은 'ㅡ'과 '止'로 되어 있다. 그러나 갑골문 자형은 'ㅸ·ㅁ' 등으로, 'ㅁ·ㅁ'(→ㅡ)은 사람들이 사는 마을(邑)이나 성(城)을 나타내고, 'ㅂ'(→止)는 그 성이나 마을을 향해 진군하고 있는 사람들의 발을 나타낸다. 성이나 마을 안의 사람들이 잘못을 저질렀으므로 '쳐들어 가서 잘못을 바로 잡는다'는 뜻을 나타낸다. 본래의 뜻은 「정벌하다」이고, '征(정)'의 본래자이다. 후에 와서는 주로 「바르다」, 「옳다」는 뜻으로 사용되고 있다.

응용 : 正直 정직. 正道 정도. 正色 정색. 正論 정론. 正誤 정오. 正音 정음. 正確 정확. 不正 부정. 是正 시정. 端正 단정. 公正無私 공정무사. 正正堂堂 정정당당. 心正不畏影邪 심정불외영사. 名不正則言不順 명부정즉언불순.

성(城)

正

발

쓰는 순서　一 丁 下 正 正　5획

92

70

之

갈 지

고문의 자형은 '一' 위에 '발'(ㅂ) 하나가 있는 모습인데, '一'은 지면을 나타낸다. 본래의 뜻은「…로 가다」이다. 한 곳에서 다른 곳으로 간 후에는 그곳에 소속된다. 그래서 '之'에는 소속을 나타내는 소사「…의」란 뜻이 있다. 후에 와서는 대사(代詞)「그」,「그것」이란 뜻으로 가차 되었다. '之'는 한문에서 가장 많이 쓰이는 한자에 속한다.

응용 : ① 之東 지동:동으로 가다. ② 父子之間 부자지간. 千乘之國 천승지국. 東方禮義之國 동방예의지국. 國之興亡, 匹夫有責 국지흥망. 필부유책. 千金之珠, 必在九重之淵 천금지주. 필재구중지연. 付之一笑 부지일소.

之 — 발

지면

쓰는
순서   ` ㄱ 之   3획

93

五十步百步(오십보백보: 우 스 뿌 바이 뿌)

옛날 중국 전국(戰國)시대 때의 양(梁) 나라 혜왕(惠王)은 전쟁을 좋아하는 왕이었습니다. 아주 작은 일로도 자주 이웃 나라와 전쟁을 일으켜, 많은 백성들이 전쟁터에서 목숨을 잃었습니다.

어느 날 혜왕은 맹자에게 이런 얘기를 했습니다.

"나는 백성 다스리는 일에 최선을 다하고 있습니다, 이웃 나라 왕들을 봐도 나처럼 백성을 아끼는 왕이 없어요. 그런데도 왜 다른 나라에서 우리나라로 넘어오는 사람들이 없을까요?"

그러자 맹자는 이런 비유를 들어 대답했습니다.

"왕께서 전쟁을 좋아하시니 전쟁터에서의 일을 예로 들어 말씀드리지요. 싸움을 하다가 전세가 불리하면 도망가는 병사가 생기게 마련이지요. 그런데 쉰 걸음을 도망가던 병사가 백 걸음을 도망간 자기 앞의 병사를 보고 비겁하다고 비웃을 수 있을까요?"

"똑같이 비겁하게 도망가는 상황에서 그럴 수는 없겠지요."

"그렇습니다. 왕께서 그런 이치를 아신다면 제게 물으신 질문의 해답도 자명(自明)하지요. 왕께서 나라의 일부분을 잘 다스리고 있다 하더라도 전쟁을 좋아하시기 때문에 많은 백성들이 목숨을 잃고 있습니다. 그런데도 이웃 나라의 왕들이 정치를 잘 못한다고 비웃으신다면 싸움터에서 오십 보 도망간 자가 백 보 도망간 자를 비웃는 것과 무엇이 다르겠습니까?"

그리하여 오십보백보(五十步百步)는 정도에는 다소 차이가 있지만 사실 근본적인 면에서는 차이가 없는 경우를 비유하는 성어가 되었습니다.〔출처:《孟子·梁惠王》(맹자·양혜왕)〕

〈한자풀이〉
五(오):다섯.　十(십):열.　步(보):걸음.　百(백):백.

出

나갈 출

갑골문 자형 ''은, 윗부분은 '발'( ), 아래쪽은 ' '로 되어 있는데, 이것은 사람이 사는 동굴이나 집의 출입구(凵)이다. 고대인들은 반 지하의 움집이나 동굴 속에서 살았다. 그 속에서 발 하나가 밖으로 나온 모습으로, 본래의 뜻은 「안에서 밖으로 나가다」이다. 돈을 쓰는 것을 '支出'(지출)이라고 하는 것도, 지갑 속의 돈이 '나무 가지처럼 갈라져서(支) 밖으로 나간다' 는 뜻에서 생겼다.

응용 : 出口 출구, 出入 출입, 出馬 출마, 出席 출석, 出身 출신, 出版 출판, 出發 출발, 出血 출혈, 家出 가출, 支出 지출, 外出 외출, 派出 파출, 産出 산출, 神出鬼沒 신출귀몰, 好事不出門, 惡事行千里 호사불출문, 악사행천리.

발

出

출입구

쓰는 순서 | 丬 屮 岀 出   5획

足

한 족: 다리(leg). 발(foot)
중 zú(쭈) 일 ソク(소쿠)

다리 족

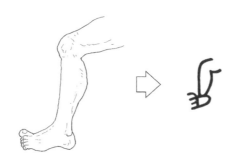

자형은 '口'와 '止'(지:발)의 변형으로 되어 있다. 윗쪽의 '口'는 '정강이뼈'이다. 갑골문에서 'ㅂ'(止)는 발가락과 발바닥 부위만으로 '발'이란 뜻을 나타냈고, 그 위에 다시 정강이뼈를 덧붙여서 무릎 이하의 다리 부분임을 표시했다. '足'이 부수자로 쓰일 때는 '𧾷'처럼 원래 발의 모양으로 쓴다.「충분하다」,「넉넉하다」는 뜻으로도 쓴다.

응용 : 手足 수족, 失足 실족, 蛇足 사족, 不足 부족, 知足 지족, 滿足 만족, 豊足 풍족, 畵蛇添足 화사첨족, 一擧手一投足 일거수일투족, 千里之行, 始於足下 천리지행, 시어족하, 安分知足 안분지족, 知足知止戒 지족지지계.

정강이

발

쓰는 순서 ㅣ ㅁ ㅁ 무 무 足   7획

97

走

한	주: 달리다(run)
중	zǒu(쩌우)
일	ソウ(소)

달릴 주

갑골문 자형 '⚘'는 '발'(止)과, '팔을 앞뒤로 흔드는 사람'의 모습(犬)으로, 본래의 뜻은 「빨리 걷다」, 「달리다」이다. 걷거나 달릴 때는 두 팔을 앞뒤로 흔들어야 속도가 빨라지므로, 이러한 모습으로써 「빨리 걷는다」는 뜻을 나타낸 것이다. 「走」가 부수자로 들어있는 한자는 모두 「달리는 행동」과 관련이 있다(*사람의 모습 '犬'가 '土'로 변한 예로는 이밖에 '赤'적 이 있다).

응용 : 疾走 질주, 競走 경주, 敗走 패주, 奔走 분주, 走狗 주구, 走馬看山 주마간산, 走馬看花 주마간화, 走馬加鞭 주마가편, 望風而走 망풍이주, 三十六策, 走爲上策 삼십육책, 주위상책.

사람(大의 변형)

발

쓰는 순서 一 十 土 キ キ 走 走 　7획

行

한	행: 가다(go). 행하다(do)
중	xíng(싱)
일	コウ(코-) · ギョウ(교-)

갈 행

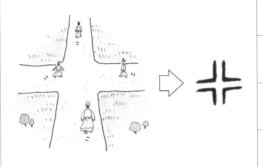

갑골문의 자형 '╬'은 십자로의 모습이다. 십자로는 두 개의 길이 만나는 곳으로, 본래의 뜻은 「길」(路)이다. 「길」은 사람들이 오가는 사이에 생긴 것이며, 또한 어떤 일을 하러 갈 때 지나다니는 곳이다. 그래서 후에 와서는 대부분 「가다」, 「행하다」는 뜻으로 쓰이게 되었다. '行'이 부수자로 쓰일 때에는 '行'이나 '彳'으로 쓰고, 길 위를 가는 행위와 관련된 뜻을 나타낸다.

응용 : ① 徒 도, 徙 사, 徐 서, 從 종. ② 直行 직행, 進行 진행, 山行 산행, 言行 언행, 善行 선행, 旅行 여행, 行事 행사, 行政 행정, 行爲 행위, 行馬 행마, 行方 행방, 行動 행동, 知行合一 지행합일, 三思而後行 삼사이후행.

십자로

行

쓰는 순서 ` ′ 彳 彳 行 行   6획

徒

한 도: 걷다(walk). 무리(follower)
중 tú(투)
일 ㅏ(토)

걸을 도
무리 도

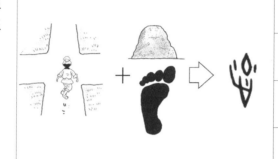

지금의 자형은 '彳'(行)과 '土'와 '灶' 세 부분으로 되어 있으나, 갑골문 자형 '灶'은 '土'(◯)와 '止'(灶) 두 부분으로 되어 있다. 갑골문에서 작은 점들은 걸어갈때 일어나는 흙먼지들이다. 본래의 뜻은「땅 위를 맨발로 걸어서 가다」이다.「간다」는 동작을 강조하기 위하여 금문에서부터 '彳'('行'의 생략형)을 덧붙였다. 말이나 수레를 타지 않고 걸어가는 보병(步兵)들의 모습에서「무리」,「따르는 사람들」,「맨손」등의 뜻이 파생되었다.

응용 : 徒步 도보. 徒弟 도제. 信徒 신도. 學徒 학도. 敎徒 교도. 司徒 사도. 生徒 생도. 門徒 문도. 暴徒 폭도. 徒手致富 도수치부. 嚴師出高徒 엄사출고도. 水至淸則無魚. 人至察則無徒 수지청즉무어. 인지찰즉무도.

길 흙
徒
발

쓰는
순서 ＇ ㇉ 彳 彳 彳 彳 徍 徒 10획

肉

| 한 | 육: 고기(meat). 살(flesh) |
| 중 | ròu(로우) | 일 | ニク(니쿠) |

고기 육

갑골문 자형 'ᗪ·ᗢ' 등은 한 조각 「고깃덩이」의 모습이다. 본래는 달을 나타내는 '月'(월)과 비슷한 모양으로 썼으나, 혼동을 피하려고 '肉'으로 고쳐 썼다. 본래의 뜻은 「고깃덩이」이다. 부수자로 쓸 때는 '月'(육)으로 쓰고, 사람이나 동물의 몸의 어떤 기관 또는 부위와 관련된 것임을 나타낸다. 소전에는 살고기 속의 무늬가 드러나 있다.

응용 : 肉食 육식. 肉身 육신. 肉眼 육안. 片肉 편육. 骨肉 골육. 筋肉 근육. 肥肉 비육. 獸肉 수육. 魚肉 어육. 豚肉 돈육. 酒池肉林 주지육림. 骨肉之親 골육지친. 羊頭狗肉 양두구육. 弱肉强食 약육강식.

고깃살 무늬

고깃덩이

쓰는순서 ｜ 冂 内 肉 肉　　6획

多

| 한 | 다: 많다(many) |
| 중 | duō(뚜어) | 反 | 少(소) | 일 | タ(타) |

많을 다

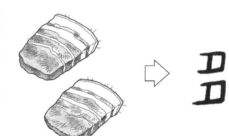

갑골문 자형 '吕'는 고기 덩어리 두 개를 겹쳐 놓은 모양이다. 옛날에는 제사를 지낸 후 고기를 한 덩어리씩 사람들에게 나누어 주었는데, 특수한 사람에게는 두 개씩 주었다. 이처럼 똑같은 것을 두세 개씩 겹쳐서 「많다」는 뜻을 나타낸 것으로는 「林」(림:수풀), 「森」(삼:숲), 「艸」(초:풀), 「卉」(훼:풀), 「竹」(죽:대), 「炎」(염:불꽃) 등이 있다(*달(D :月)을 겹쳐 놓은 것이 아니다).

고깃덩이 두 개

응용 : 多少 다소, 多産 다산, 多寡 다과, 多數 다수, 多情 다정, 多血 다혈, 多才 다재, 多方面 다방면, 過多 과다, 雜多 잡다, 多多益善 다다익선, 多情多感 다정다감, 多事多難 다사다난, 得道多助 득도다조, 失道寡助 실도과조.

쓰는 순서   6획

有

한	유: 있다(there is). 가지다(have)
중	yǒu(요우)　反 無(무)　일 ユウ(유―)·ウ(우)

있을 유

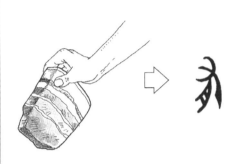

자형은 ‘ナ’(又)와 ‘月’(肉)으로 되어 있다. 갑골문 자형 ‘ㄱ’는 오른손(ㄱ)으로 고깃덩이(夕)를 잡고 있는 모습으로, 본래의 뜻은 「갖다」이다. 소유나 점유 의 관념을 이런 식으로 표현한 것은 수렵시대의 사고 방식이다. 농경사회에 와서는 농작물의 수확으로써 이런 관념을 표현하였는데, 풍년을 ‘有年’(유년)이라 고 한 것이 그 예이다(*자전(字典)에서 ‘有’를 ‘月’ (달 월) 변에 포함시킨 것은 잘못이다).

응용 : 有利 유리, 有力 유력, 有能 유능, 有用 유용, 有名 유명, 有望 유망, 有形 유형, 占有 점유, 私有 사유, 所有 소유, 共有 공유, 有備無患 유비무환, 有名無實 유명무실, 有口 無言 유구무언, 愚者千慮 우자천려, 或有一得 혹유일득.

손(又)

有

고기(肉)

쓰는 순서 　一 ナ 才 有 有 有　　6획

103

骨

한 골: 뼈(bone)
중 gǔ(구)   反 肉(육)   일 コツ(코츠)

뼈 골

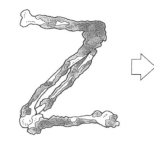

자형은 아래에는 '月'(肉:고기, 살)이, 위에는 '冎'
(와:뼈)가 있는 모습으로, 본래의 뜻은「살이 붙어 있
는 뼈」이다. 갑골문 자형 'ㄹ'은 관절 부분에서 서로
연결되어 있는 뼈들의 모습이다. '骨(골)'이 부수자로
들어 있는 한자는 대부분 사람의 몸에서 뼈와 관련된
부분을 나타낸다. 이에 대하여 '歹'(알:뼈)은 살이
전혀 붙어 있지 않은 죽은 사람의 백골(白骨)을 뜻한
다.

응용 : 骨肉 골육, 骨節 골절, 骨格 골격, 骨董 골동, 氣骨 기골,
白骨 백골, 强骨 강골, 弱骨 약골, 骸骨 해골, 軟骨動物
연골동물, 骨肉相殘 골육상잔, 換骨奪胎 환골탈태, 仙風
道骨 선풍도골, 粉骨碎身 분골쇄신.

쓰는
순서   丨 冂 冎 冎 冎 骨 骨 骨 骨   10획

104

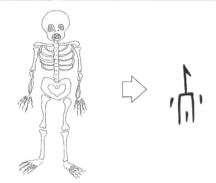

한	알: 앙상한 뼈(bone)
중	dǎi(다이)
일	ガツ(가츠)

앙상한 뼈 알

갑골문 자형 '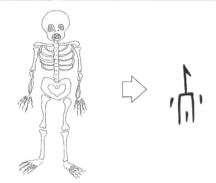'은 「죽은 사람의 뼈」의 모습으로, 뼈의 일부분만 남아 있다. 이것은 「죽음」을 의미하는데, 보기에도 「흉하다」. '歹'이 부수자로 들어 있는 한자들은 모두 「죽음」(死), 「흉함」(凶), 「위험」(險) 등의 뜻을 나타낸다(예: '死' 사: 죽다, '殃' 앙: 재앙, '殆' 태: 위태롭다 등). 살아 있는 사람의 뼈는 '骨'(골)이라 한다.

응용 : 死亡 사망, 殉國 순국, 殞命 운명, 殯所 빈소, 災殃 재앙, 危殆 위태.

앙상한 뼈

쓰는 순서 ー ㄱ 歹 歹

105

多多益善(다다익선: 뚜어 뚜어 이 샨)

이 성어는 옛날 중국 한(漢)나라 때의 한 장군 이야기에서 나온 것입니다.

한신(韓信)은 항우(項羽) 밑에서 일하던 사람으로, 재능과 지략이 뛰어나고 병법에 능통하며 큰 뜻을 품은 사람이었습니다.

하지만 항우가 자기 재능을 알아주지 않자 유방(劉邦)에게로 갔습니다. 그런데, 유방도 한신에게 보잘것 없는 관직을 주었을 뿐 능력을 제대로 평가해 주지 않았습니다.

그래서 한신은 밤을 틈타 유방을 떠나 다른 곳으로 도망갔습니다.

그때 소하(蕭何)라는 관리가 이 사실을 알고 즉시 한신을 뒤쫓아 갔습니다. 소하는 한신이 대단한 사람임을 알고 있었기 때문입니다.

유방은 소하가 자기에게 알리지도 않고 한신을 쫓아가서, 벌써 사흘이나 지났는데도 돌아오지 않는 것을 보고 이상한 생각이 들었습니다. 드디어 소하가 한신을 데리고 돌아오자 유방은 이렇게 물었습니다.

"도망가는 다른 병사도 많은데 왜 한신만은 기어이 쫓아가서 데리고 왔는가?"

소하는 유방 앞에서 한신의 능력을 설명하고 높은 관직에 천거하였습니다. 유방은 소하의 말을 신임하여 한신을 기용하였고, 훗날 한신은 유방을 위해 큰 공을 세웠답니다.

다다익선(多多益善)은 유방과 한신이 나눈 다음과 같은 대화에서 나온 성어입니다.

유방이 자신은 10만 군사를 거느릴 능력이 있다고 하자, 한신은 자기가 지휘할 병사는 많을수록 좋다(多多益善)고 했습니다. 유방은 이 대답에 기분이 상해, 그렇게 많은 병사를 거느릴 수 있는 자네가 어째서 내 밑에서 일하고 있느냐고 비꼬았습니다. 그러자 한신은 다음과 같이 대답했습니다.

"저는 병졸을 거느릴 수 있지만, 황제께선 장군들을 거느리십니다. 그게 다른 점입니다."라고 내답했다고 합니다.〔출처:《史記·准陰侯列傳》(사기·회음후열전)〕

〈한자풀이〉
多(다):많다.　益(익):더욱, 더하다.　善(선):좋다.

107

81

死

죽을 사

한	사: 죽다(die).
중	sǐ(스) 反 生(생). 活(활)
일	シ(시)

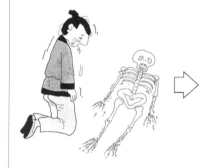

자형은 '歹'(알)과 '匕'(비)로 되어 있는데, '歹'은 죽은 사람의 앙상한 뼈를, '匕'(비)는 사람을 나타낸다(예: '化' 화, '比' 비 참조). 갑골문 자형 '𣦵'는 한 사람이 앙상한 뼈 옆에 꿇어 앉아 애도하고 있는 모습으로, 본래의 뜻은 「죽다」, 「죽음」, 「죽은 사람」이다. 우리말에서 「죽어도」, 「죽자사자」, 「죽어라고」, 「죽으면 죽었지」, 「죽은」 등의 부사어(副詞語)의 의미를 생각해 보자.

사람

死

죽은 사람의 뼈

응용 : 死者 사자. 死亡 사망. 死生 사생. 死守 사수. 死因 사인. 死刑 사형. 死活 사활. 客死 객사. 病死 병사. 戰死 전사. 九死一生 구사일생. 豹死留皮. 人死留名 표사유피, 인사유명. 人之將死. 其言也善 인지장사, 기언야선.

쓰는 순서 一 ㄏ ㄅ 歹 歼 死   6획

108

한	일: 해(sun). 날(day)
중	rì(르)
일	ニチ(니치) · ジツ(지츠)

날 일

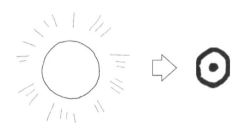

갑골문 자형 '☉'은 「해」의 모습으로, 본래의 뜻은 「해」, 「태양」이다. 둥근 「해」를 네모나게 그린 것은 단단한 뼈나 나무 위에 칼로 새겼기 때문이다. 해가 떠 있는 시간은 「낮」이므로 「낮」이란 뜻이, 해가 떴다가 진 후 다시 뜰 때까지의 시간의 길이가 하루이므로 「하루」, 「날」이란 뜻이 생겼다. 서양의 고대 상형자들은 「해」를 '☉'(크레타 문자), '☉'(오지브웨이 문자), '☀'(모크족 문자) 등처럼 썼다.

응용 : 日月 일월. 日刊 일간. 日光 일광. 日沒 일몰. 日食 일식. 日出 일출. 今日 금일. 終日 종일. 生日 생일. 休日 휴일. 靑天白日 청천백일. 一日爲師. 終身爲父 일일위사, 종신위부. 人無千日好. 花無百日紅. 인무천일호. 화무백일홍.

日
—해

| 쓰는 순서 | l ⺆ ⺀ 日 | 4획 |

109

旦

한 단: 아침(morning)
중 dàn(딴)
일 タン(탄)

아침 단

자형은 아침에 '해'(日)가 '지평선'(一) 위로 막 올라온 모습이다. 본래의 뜻은 「이른 아침」이다. 갑골문에서는 해가 솟아오르는 순간 밝게 빛나는 지면(地面)을 표시하던 부분(⊋·⊋)이 소전 이후에는 '一'(線)으로 바뀌었다. 다른 자와 결합된 '旦'자는 오직 「선」이란 소리만을 나타낸다(예: 袒 단: 웃통을 벗다. 但 단: 다만. 坦 탄: 평탄하다).

응용 : 元旦 원단, 月旦 월단, 旦夕 단석, 早旦 조단, 旦不保夕 단불보석, 命在旦夕 명재단석, 月旦之評 월단지평, 秉燭待旦 병촉대단, 坐以待旦 좌이대단, 天有不測風雲, 人有旦夕禍福 천유불측풍운, 인유단석화복.

해
旦
지면

쓰는순서 ㅣ 冂 冃 日 旦 　5획

110

月

한 월: 달(moon, month)
중 yuè(위에)   일 ゲツ(게츠) · ガツ(가츠)

달 월

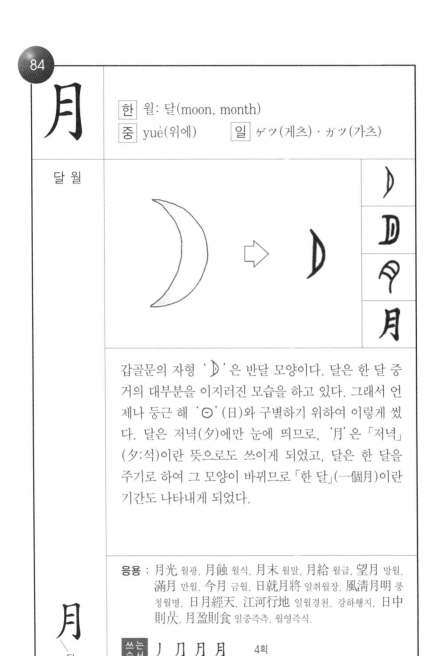

갑골문의 자형 '𝕯'은 반달 모양이다. 달은 한 달 중거의 대부분을 이지러진 모습을 하고 있다. 그래서 언제나 둥근 해 '☉'(日)와 구별하기 위하여 이렇게 썼다. 달은 저녁(夕)에만 눈에 띄므로, '月'은 「저녁」(夕:석)이란 뜻으로도 쓰이게 되었고, 달은 한 달을 주기로 하여 그 모양이 바뀌므로 「한 달」(一個月)이란 기간도 나타내게 되었다.

응용 : 月光 월광. 月蝕 월식. 月末 월말. 月給 월급. 望月 망월. 滿月 만월. 今月 금월. 日就月將 일취월장. 風淸月明 풍청월명. 日月經天. 江河行地 일월경천. 강하행지. 日中則仄. 月盈則食 일중즉측. 월영즉식.

月
달

쓰는 순서 丿 刀 月 月   4획

111

85

明

한 명: 밝다(bright)
중 míng(밍)   일 メイ(메이) · ミョウ(묘-)

밝을 명

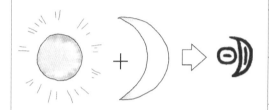

자형은 '해'(日)와 '달'(月)을 합한 모습으로, 본래의 뜻은 하늘의 해와 달처럼 「밝게 빛나다」이다. 갑골문 자형에는 '해'와 '달'로 이루어진 ' 𝑒𝓵 '뿐만 아니라 ' 𝑒𝓵 '(𝑒𝓵)있어서, 마치 '어두운 밤에 창문으로 달빛이 들어오니 방안이 환해진다'는 뜻이라고 해석하는 사람도 있지만, 사실 ' ⊙ '은 이글거리는 태양의 모습이다.

해
明
달

응용 : 明白 명백, 明示 명시, 明暗 명암, 明月 명월, 光明 광명, 公明 공명, 失明 실명, 文明 문명, 不明 불명, 自明 자명, 賢明 현명, 明明白白 명명백백, 淸如水, 明如鏡 청여수, 명여경, 兼聽則明, 偏聽則暗 겸청즉명, 편청즉암.

쓰는순서 丨 冂 冂 日 日 旫 明 明 明   8획

112

氣

한	기: 기운(spirit). 공기(air)
중	qì(치)	일 キ(키) · ヶ(케)

기운 기

三
乞
氕
氣

지금의 자형은 '气'(기)와 '米'(미) 두 부분으로 되어 있으나, 갑골문의 자형 '三'는 가운데가 짧은 세 개의 가로선으로, 공중의 운기(雲氣), 즉 엷은 구름을 나타냈다. 본래의 뜻은 「공기」이다. 후에 '三'(삼)과의 혼동을 피하기 위하여 위와 아래를 굽혔고(气→气), 다시 사람 몸의 「기운」은 음식을 먹어야 나오는 것임을 나타내기 위하여 '米'(미: 쌀)를 덧붙였다.

응용: 氣骨 기골. 氣管支 기관지. 氣力 기력. 氣分 기분. 氣象 기상. 氣絶 기절. 氣盡 기진. 氣化 기화. 氣候 기후. 感氣 감기. 空氣 공기. 怒氣 노기. 士氣 사기. 濕氣 습기. 人氣 인기. 換氣 환기. 血氣方壯 혈기방장. 浩然之氣 호연지기.

구름·공기

쌀

쓰는 순서　ノ ﾉ ﾆ 气 气 氕 氚 氣　10획

雨

한	우: 비(rain)
중	yǔ(위)
일	ウ(우)

비 우

 ⇨

갑골문 자형 '〓·〓·〓' 등은 하늘에서 빗방울이 떨어지고 있는 모습이다. 위쪽의 가로선은 하늘 또는 구름을 나타내고, 아래의 점들은 빗방울을 나타낸다. 본래의 뜻은 「비」, 「비가 내리다」이다. '雨'가 부수자로 들어 있는 한자는 모두 「비」와 관련된 기상현상을 나타낸다(예: 雲 운, 雷 뢰, 電 전, 霧 무, 雪 설, 雹 박 등).

응용 : 雨期 우기, 雨傘 우산, 雨衣 우의, 雨中 우중, 雨後 우후, 降雨 강우, 暴雨 폭우, 風雨 풍우, 細雨 세우, 雨後竹筍 우후죽순, 呼風喚雨 호풍환우, 興雲致雨 흥운치우, 久旱必雨, 久病必死 구한필우, 구병필사.

하늘·구름
／
雨
／
빗방울

쓰는 순서 一 厂 冂 币 币 雨 雨 雨　8획

雲

한 운: 구름(cloud)
중 yún (윈)
일 ウン(운)

구름 운

지금의 자형은 뜻을 나타내는 '雨'(우:구름)와 소리를 나타내는 '云'(운)으로 이루어진 형성자(形聲字)이다. 그러나 갑골문과 금문의 자형 '云'은 하늘에 떠 있는 「구름」의 모습을 나타낸 상형자였다. 그런데 후에 '云'(云)이 주로 「말하다」는 뜻으로 가차(假借)되자, 다시 기상 현상임을 나타내는 '雨'를 덧붙여서 '雲'으로 쓰게 되었다. 현재 중국에서는 간체자로 다시 '云'을 쓰고 있다.

응용 : 雲海 운해. 雲霧 운무. 雲雨 운우. 雲集 운집. 浮雲 부운. 山雲 산운. 靑雲 청운. 風雲 풍운. 紅雲 홍운. 風雲兒 풍운아. 雲集霧散 운집무산. 興雲致雨 흥운치우. 一片孤雲 일편고운. 披雲見日 피운견일. 賓客如雲 빈객여운.

비·기상

雲
─구름

쓰는 순서 一 冖 币 币 币 雫 雪 雲 雲 雲   12획

115

山

한 산: 산·뫼(mountain)

중 shān(샨)　　일 サン(산)

뫼 산

갑골문 자형 'ᴍᴍ'은 산봉우리 세 개가 나란히 있는 모습으로, 금문 이후 가운데 있는 주봉(主峰)을 우뚝 솟아나게 그렸다. 부수자로 '山'이 들어 있는 한자는 모두 「산 이름」 또는 「산」과 관련된 자이다. 산이 풀, 나무, 돌, 물, 짐승 등 모든 것을 포용하고 있는 모습은 마치 포용력이 큰 어진 사람(仁者)의 성품과 같다고 해서 '仁者樂山'(인자요산: 어진 사람은 산을 좋아한다)이란 말이 생겼다.

봉우리
↑
山
산

응용 : 登山 등산, 南山 남산, 白頭山 백두산, 金剛山 금강산, 山川 산천, 山河 산하, 山脈 산맥, 山林 산림, 山菜 산채, 火山 화산, 名山 명산, 高山 고산, 深山 심산, 名山大川 명산대천, 他山之石, 可以攻玉 타산지석, 가이공옥.

쓰는순서 ㅣ 山 山　　3획

116

丘

한 구: 언덕(hill)
중 qiū(치우) 일 キュウ(큐-)

언덕 구

 ⇨

갑골문 자형 'M'은 산봉우리 두 개가 나란히 있는 모습으로, 본래의 뜻은 '山'보다는 작은 산, 즉 「언덕」 또는 「동산」이다. 소전까지는 본래의 모습이 남아 있었으나 그 이후에는 모양이 너무 많이 변하여 알아보기 어려워졌다. 사방은 높고 가운데가 움푹 꺼진 산이 '丘'라는 설명도 있다. 공자(孔子)의 머리는 가운데가 움푹 들어가 있어서 '孔丘(공구)'라는 이름을 갖게 되었다고 한다.

응용 : 丘陵 구릉, 丘墓 구묘, 小丘 소구, 山丘 산구, 丘山 구산, 丘里之言 구리지언, 狐死首丘 호사수구: 여우는 죽을 때 머리를 살던 산쪽으로 둔다는 뜻으로, 고향을 그리워하는 마음을 나타냄. 首丘之情 수구지정, 首丘之望 수구지망.

두 개의 언덕

—
지면

쓰는 순서 ´ ㇒ ㇑ ㇑ 丘 5획

117

愚公移山(우공이산: 우 꽁 이 샨)

　옛날 중국에 아흔 살이 다 된 우공(愚公)이란 노인이 살고 있었습니다. 우공의 집 대문 앞에는 태항(太行)과 왕옥(王屋)이라는 큰 산이 두 개 있었는데, 마을로 통하는 길을 가로막고 있어서 외출할 때마다 빙 돌아다녀야 했습니다. 이만저만 불편한 게 아니었지요. 그래서 어느 날 우공은 산을 옮기기로 결심하였습니다.

　그로부터 우공은 아침 일찍 일어나 아들들과 손주들을 데리고 산에 올라갔습니다. 흙을 파내고 바위를 깨고, 거기서 나온 돌과 모래를 실어 나르는 등, 온 가족이 비지땀을 흘리며 열심히 일했습니다.

근처에 사는 한 영감이 이 광경을 보고 우공을 비웃으며 말했습니다.

"그만큼 나이를 잡수신 양반이 왜 그렇게 바보같은 짓을 하시오? 이 산을 다 옮기기도 전에 돌아가실 게 분명하지 않소?"

하지만 우공은 이렇게 대답했습니다.

"바보는 내가 아니라 당신이구려. 나는 곧 세상을 떠나겠지만 내 아들이 있지 않소? 또 그 아들이 손자를 낳고, 그 손자가 다시 아들을 낳을 것이오. 저 산의 흙은 더 이상 늘어나지 않겠지만, 내 자손은 갈수록 늘어날 테니 언젠가는 저 산을 다 옮기고 말 것이오."

우공의 이 말을 들은 하늘의 옥황상제는 이 노인의 정성에 감복하여 힘센 사자들을 보내어 두 산을 멀리 옮겨 놓게 하였는데, 그것이 지금의 태항산과 왕옥산이라고 합니다.

여기에서 비롯된 우공이산(愚公移山)은 어렵고 힘든 일이라도 중단하지 않고 끈질긴 노력으로 이루어낼 수 있다는 성어가 되었습니다.〔출처:《列子·湯問》(열자·탕문)〕

〈한자풀이〉
愚(우):어리석다.   公(공):공평하다. 어른   移(이):옮기다.
山(산):산

한	석: 돌(stone)
중	shí(스)
일	セキ(세키)・シャク(샤쿠)

돌 석

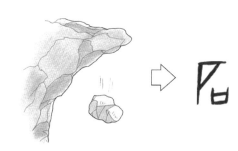

갑골문 자형 '石'은 '厂'과 '口'로 이루어져 있다. '厂'(한)은 「절벽」 또는 「낭떠러지」를 나타내는데, 낭떠러지는 그 자체가 거대한 「돌」로 되어 있다. 그래서 갑골문에는 '厂'(厂)만으로 '石'이란 뜻을 나타내는 경우가 많다. 그 아래에 다시 바위 또는 돌덩이(口→口)를 덧붙여 「돌」이란 뜻을 더욱 분명히 하였다.

응용 : 石器 석기, 石窟 석굴, 石工 석공, 石油 석유, 石材 석재, 石灰石 석회석, 化石 화석, 木石 목석, 岩石 암석, 布石 포석, 電光石火 전광석화, 一石二鳥 일석이조, 以卵投石 이란투석, 昆倫失火, 玉石俱焚 곤륜실화, 옥석구분.

절벽

돌

쓰는 순서 一 丆 ズ 石 石   5획

한	토: 흙(soil). 땅(land)
중	tǔ(투)
일	ﾄ(도) · ﾄ(토)

흙 토

갑골문 자형 '◊, ∧, △, ⊥' 등은 지면(一) 위로 흙을 봉긋이 쌓아 놓은 모습으로, 본래의 뜻은 「흙」, 「땅」이다. 지금의 '十'(십) 자는 갑골문과 금문에서는 '丨'으로 썼다. 그래서 '◊ → 丄 → ⊥'로 잘못 변해 왔다. '⊥'(→土)는 남성 생식기의 모양과 비슷하므로, '土'는 한자에서 「수컷」임을 나타내는 부호로 쓰이기도 한다(예:牡 모: 수컷. 열쇠).

응용 : 土地 토지, 土質 토질, 土器 토기, 土木 토목, 風土 풍토, 國土 국토, 沃土 옥토, 本土 본토, 黃土 황토, 鄕土 향토, 粘土 점토, 積土爲山, 積水成海 적토위산, 적수성해, 泰山不讓土壤, 故能成其高 태산불양토양, 고능성기고.

쌓아 놓은 흙

一 지면

쓰는
순서 一 十 土   3획

坐

한	좌: 앉다(sit). 자리(seat)
중	zuò(쭈어)
일	サ(사)

앉을 좌

자형은 중간에 '土'가 있고, 그 위에 좌우로 두 개의 '人'이 있다. 갑골문 자형 '⚇'은 두 사람이 흙덩이 위에 서로 마주 보고 앉아 있는 모습으로, 옛날 사람들은 앉을 때 의자 등을 쓰지 않고 땅바닥에 그냥 앉았다. 본래의 뜻은 「앉다」이다. '앉는 자리', '좌석'은 집안에 있으므로, '广'(엄:집)을 덧붙여 '座'(좌)로 썼다.

사람
人
坐
─
흙

응용 : 坐不安席 좌불안석. 坐視不救 좌시불구. 坐食 좌식. 坐席 좌석. 坐賈行商 좌고행상. 起坐 기좌. 正坐 정좌. 閑坐 한좌. 坐井觀天 좌정관천. 坐臥不安 좌와불안. 坐以待亡 좌이대망. 坐山觀虎鬪 좌산관호투.

쓰는순서 丿 亻 亻 亻 坐 坐 坐　　7획

122

火

한	화: 불(fire)
중	huǒ(후어)
일	カ(카)

불 화

갑골문 자형 ''는 활활 타오르고 있는 「불꽃」의 모습이다. 갑골문에서는 '山'()과 '火'()의 자형이 비슷하여 혼동하기 쉬운데, 아래 부분이 '山'의 경우에는 직선이고(), '火'의 경우에는 곡선이다(). 한자에서 불이 아래쪽에서 타는 것을 나타낼 때는 '火'가 '灬'(焦) 또는 '小'(赤)으로 변하고, 불이 다른 것의 위에 있을 때는 '火'(光)으로 변한다.

활활 타는 불꽃

火

응용 : ① 烹 팽:삶다. 焦 초:태우다. 煮 자:삶다. 赤 적:붉다. 光 광:빛. ② 火力 화력, 火炎 화염, 火災 화재, 火田民 화전민, 消火 소화, 放火 방화, 失火 실화, 火藥 화약, 聖火 성화, 負薪救火 부신구화, 遠水難救近火 원수난구근화.

쓰는순서 ` ` ` ` ` 小 火   4획

123

炎

| 한 | 염: 타다(burn). 뜨겁다(hot) |
| 중 | yán(옌) | 일 | エン(엔) |

탈 염

자형은 두 개의 '火' 자가 위아래로 놓여 있는 모습으로, 불이 활활 타고 있음을 나타낸다. 본래의 뜻은 「불꽃」 또는 「태우다」이다. 그러나 후에 와서는 「불꽃」이란 뜻은 '焰 (염:불꽃)'으로 쓰고, '炎'은 주로 「열」(熱) 또는 「뜨겁다」는 뜻으로 쓴다. 몸의 어떤 부위에 열이 나는 증상도 '炎'이라고 한다(* 炏 처럼 쓰는 경우도 있다).

응용 : 炎天 염천. 炎凉 염량. 炎暑 염서. 炎夏 염하. 炎風 염풍. 火炎 화염. 鼻炎 비염. 胃腸炎 위장염. 氣管支炎 기관지염. 炎凉世態 염량세태. 赤日炎炎 적일염염.

불꽃

炎

불꽃

쓰는 순서 ` ` ` ` ʼ ʼ 火 火 火 炎 炎 炎 8획

焚

한 분: 태우다(burn)
중 fén(펀)
일 フン(훈)

대울 분

자형은 '林'(림:숲)과 '火'(화:불)로 되어 있다. 큰 불이 나서 나무들이 타고 있는 모습으로, 본래의 뜻은 「불사르다」, 「태우다」이다. 갑골문의 자형 '桊·桊·桊' 등에서는 나무(林) 대신에 풀(ψψ)을 쓴 자형(桊)도 있다. 옛날에 숲을 태우는 것은 주로 밭을 개간하거나 사냥을 할 때 짐승몰이를 하기 위해서였다.

응용: 焚香 분향. 焚身 분신. 焚草 분초. 焚死 분사. 焚書坑儒 분서갱유. 焚林而畋 분림이전. 焚香禮拜 분향예배. 涸澤而漁. 焚林而獵 학택이어, 분림이렵. 昆倫失火, 玉石俱焚 곤륜실화, 옥석구분.

쓰는순서 一 十 才 木 林 林 林 焚 12획

숲 焚 불

125

光

한	광: 빛(light)·비추다(enlighten)
중	guāng(꽝)
일	コウ(코)

빛 광

자형은 꿇어앉은 사람의 머리 위에서 불이 타고 있는 모습(→ 炎 → 光)이다. 고대 유물 중에는 노복이 머리에 「등잔불」을 이고 있는 도자기도 있고, 고대 벽화에는 여종이 머리에 등(燈)을 이고 밤길을 인도하는 그림도 있다. 이런 것이 '光'의 본래 모습으로, 본래의 뜻은 「밝게 비추다」, 「밝게 빛나다」이다. 「빛」이란 뜻은 이로부터 생겼다.

응용 : 光明 광명, 光復節 광복절, 光線 광선, 光學 광학, 日光 일광, 月光 월광, 發光 발광, 風光 풍광, 榮光 영광, 電光 石火 전광석화, 光陰似箭, 日月如梭 광음사전, 일월여사, 一寸光陰不可輕 일촌광음불가경.

불(火)
光
사람

| 쓰는 순서 | 丨 丨 丷 业 半 光 | 6획 |

赤

한	적: 붉다(red)
중	chì(츠)
일	セキ(세키)・シャク(샤쿠)

붉을 적

赤

갑골문 자형 ''은 위에는 「사람」(大), 아래에는 「불」(火)이 있는 모습이다. 그것이 '大'는 '大→大→土'로 변하고, '火'는 '火→屮→屮→小'로 변하여 지금의 '赤'이 되었다. 「사람」이 「불」 가까이 가면 얼굴이 벌겋게 되는데, 본래의 뜻은 「붉다」이다(*갑골문에서 사람(大)이 '土'로 변한 예는 이밖에 走 주, 去 거 등이 있다). '赤'에는 「벌거벗은」, 「텅빈」이란 뜻과 「갓 태어난」이란 뜻도 있다.

사람(大)
赤
불(火)

응용 : 赤旗 적기, 赤道 적도, 赤松 적송, 赤手 적수, 赤身 적신, 赤子 적자, 赤血球 적혈구, 赤化 적화, 赤土 적토, 赤手空拳 적수공권, 赤手起家 적수기가, 赤貧如洗 적빈여세, 近朱者赤, 近墨者黑 근주자적, 근묵자흑.

쓰는 순서 一 十 土 ナ 赤 赤 赤 7획

黑

한 흑: 검다(black)

중 hēi(헤이)

일 コク(코쿠)

검을 흑

금문의 자형 '罘·𤆥' 등은 맨 아래에는 「불」(火 → 灬)이 있고, 중간에는 아궁이(冂)가 있고, 그 위에는 굴뚝(囧)이 있으며, 주위에는 불티가 날아 다니는 모습이다. 굴뚝과 아궁이는 불에 그을려서 검다. 본래의 뜻은 「검다」, 「검은 색」이다. 이것을 '굴뚝'(囧)과 '불꽃'(炎)으로 된 회의자로 보고, '炎'의 위쪽 '火'가 '土'로 변하고, 아래의 '火'는 '灬'로 변한 것이라고 하는 설명도 있다.

굴뚝
아궁이

黑
└불(火)

응용 : 黑人 흑인, 黑白 흑백, 黑心 흑심, 黑鉛 흑연, 漆黑 칠흑, 黑幕 흑막, 黑字 흑자, 黑板 흑판, 黑夜 흑야, 以白爲黑 이백위흑, 近墨者黑 근묵자흑, 知其白, 守其黑 지기백, 수기흑, 白沙在涅, 與之俱黑 백사재녈, 여지구흑.

쓰는 순서 : 冂 冂 四 四 甲 里 黑 黑   12획

水

한	수: 물(water)
중	shuǐ(쉐이)

일 スイ(수이)

물 수

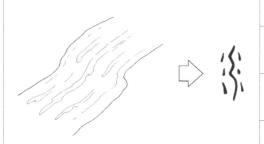

갑골문 자형 '؟؟·؟؟' 등은 물이 강이나 내를 이루어 꾸불꾸불 흘러가는 모습이다. 본래의 뜻은 「흘러가는 강물」이다. '水'가 부수자로 쓰일 때는 그 모양이 '氵'로 변하는데, 강 또는 내의 이름과, 기타 물과 관련된 한자에 쓰인다(예:江 강, 漢 한, 河 하 등). 또는 아래쪽 가운데에 놓일 때는 '氺'처럼 변하기도 한다(예:泰 태, 漆 칠 등).

물 — 水

응용 : 水上 수상, 水道 수도, 水産物 수산물, 水位 수위, 水災 수재, 水準 수준, 水平 수평, 冷水 냉수, 溫水 온수, 排水 배수, 淨水 정수, 香水 향수, 治水 치수, 洪水 홍수, 遠水 不救近火 원수불구근화, 水至淸則無魚 수지청즉무어.

쓰는 순서 丨 亅 水 水 4획

焚書坑儒(분서갱유: 펀 슈 컹 루)

　　고대 중국의 진시황제는 여러 나라로 갈라져 있던 중국을 통일하여
진(秦) 나라를 세운 왕입니다. 진시황은 이사(李斯)라는 신하를 가까이
두고 법령이나 중요한 나라 일을 결정했습니다. 이사는 평소에 엄한 법률
과 형벌을 주장하는 사람이었습니다.

　　어느 날 이사는 진시황에게 이렇게 말했습니다.

"폐하께서 새 나라를 만드셨으니 새 방법으로 나라를 다스리셔야 합니다. 지금 전국의 법령과 화폐가 통일되고 태평성세를 누리고 있는데도 일부 선비들은 옛날 책을 보고 그때의 법령과 정치를 공부하고 있습니다. 그러다 보면 지금 황제의 정치에 반대하고 옛날로 되돌아 가자는 선비가 나오면서 민심을 어지럽히게 될 것이고, 그러다가 반란을 일으키는 지경까지 이르게 될 것입니다." 이사는 말을 계속했습니다.

"그러니 선비들의 집을 샅샅이 수색하여 진 나라 이전에 만들어진 책을 빼앗아 불태우라는 법을 공포하십시오."

진시황은 이사의 말에 따라 진 나라 이전에 만들어진 책을 찾아내서 그 중에 기술이나 의서 등 실용서들만 남겨두고 특히 정치나 사상 등에 관한 책은 모두 불태웠습니다(焚書). 또 자기의 정책에 반대하는 선비들을 산 채로 매장하도록 하였습니다(坑儒).

이로부터 분서갱유(焚書坑儒)는 글을 숭상하는 선비들을 박해하는 가혹한 무력 정치, 또는 야만적인 수단으로 오랜 세월에 걸쳐 축적된 문화를 파괴하는 정치행위를 뜻하는 성어가 되었습니다.〔출처:《史記·秦始皇本紀》(사기·진시황본기)〕

〈한자풀이〉

焚(분):불사르다. 書(서):책. 坑(갱):구덩이에 묻다.

儒(유):선비.

冰

한	빙: 얼음(ice)
중	bīng(삥)
일	ヒョウ(효-)

얼음 빙(氷)

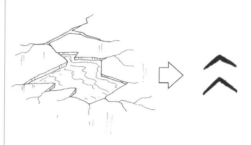

자형은 '冫'과 '水'(수)로 되어 있다. 이것을 '水'의 왼쪽 위에 점을 찍은 '氷'으로 쓰기도 한다. 부수자 '冫'(얼음 빙)의 갑골문 자형은 '仌'으로, 깨어진 채 물 위에 떠 있는 큰 얼음덩이 두 개의 모습이다. 금문 이후에는 '水'를 덧붙여 '얼음은 물이 변해서 된 것'(冰, 水爲之)임을 나타냈다. 본래의 뜻은 「얼음」이다. 얼음은 차다. 그래서 부수자로 '冫'이 들어 있는 한자는 「얼음」 또는 「추위」와 관련이 있다.

얼음

冰

물

응용 : ① 冬 동:겨울. 冷 랭:차다. 凄 처:차다. 凍 동:얼다. 寒 한: 차다. ② 氷山 빙산. 氷庫 빙고. 氷河 빙하. 解氷 해빙. 結氷 결빙. 氷山之一角 빙산지일각. 氷炭不相容 빙탄불상용. 夏虫不可語氷 하충불가언빙. 如履薄氷 여리박빙.

쓰는 순서 ` 冫 冫 氿 氷 冰 冰　　6획

132

川

한	천: 내(river)
중	chuān(추안)
일	セン(센)

내 천

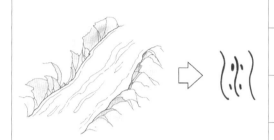

갑골문의 자형 '川 · 川 · 川'은 양쪽에 강둑이 있고 가운데는 물이 흘러가는 모양이다. '水'(수)의 자형은 둑 안의 물의 흐름만을 나타내지만, '川'의 자형은 물의 흐름은 간단하게 줄여서 한 줄( )로 나타내고 양쪽의 둑을 강조하고 있다. 본래의 뜻은 「내」, 「개천」이다. 한자에서 ' く ', ' 巜 ', '巛(순)'은 모두 냇물의 흐름을 나타낸다.

응용 : 山川 산천, 大川 대천, 支川 지천, 河川 하천, 川澤 천택, 川谷 천곡, 川流 천류, 川獵 천렵, 百川歸海 백천귀해, 川流不息 천류불식, 川淵深而魚鼈歸之 천연심이어별귀지, 防民之口甚於防川 방민지구심어방천.

둑

川

물

쓰는순서 ﻾ ﻾ 川   3획

133

州

한 주: 고을(village). 모래톱(islet)

중 zhōu(쩌우)   일 シュウ(슈-)

고을 주
모래톱 주

자형은 '川'(천)안에 작은 점 세 개가 옆으로 나란히 찍혀 있는 모습이다. 그러나 갑골문과 금문의 자형 '〤', '〤' 등은 「내」나 「강」안에 작은 섬 하나가 들어 있는 모습으로, 본래의 뜻은 「물 가운데 있는 땅」, 즉 「모래톱」이었다. 그러나 후에 와서 '州'가 주로 행정구역의 명칭으로 사용되었으므로, 본래의 뜻은 다시 물수 변(氵)을 덧붙여 '洲'(주)로 쓰게 되었다.

응용 : 慶州 경주. 尙州 상주. 濟州 제주. 海州 해주. 九州四海 구주사해. 九州之美味 구주지미미.

내
州
모래톱

쓰는 순서 ' ' ' 州 州 州   6획

泉

한 천: 샘(spring)
중 quán(취엔)　　　일 セン(센)

샘 천

지금의 자형은 '白'(백) 아래에 '水'(수)가 있는 모습이지만, 갑골문 자형 '🜍·🜍·🜍' 등은 옹달샘(또는 바위틈)에서 물이 퐁퐁 솟아나고 있는 모습이다. 본래의 뜻은「샘」이다.「샘」의 세 면은 허물어지지 않게 돌로 쌓았고, 한 면은 솟아난 물이 흘러나가게 터 놓았다. 샘물이 솟아나서 흘러흘러 가듯이, 여러 사람의 손을 거쳐가는 것이「돈」이다. 그래서 '화폐'란 뜻이 생겼다(예:泉布).

응용 : 源泉 원천, 溫泉 온천, 甘泉 감천, 黃泉 황천, 泉貨 천화, 泉幣 천폐, 泉水 천수, 思如泉湧 사여천용, 謀如湧泉 모여용천, 甘泉先竭 감천선갈, 黃泉之下 황천지하.

옹달샘

물

쓰는 순서 　ノ 冂 白 白 臭 身 泉 泉　9획

原

한	원: 근원
중	yuán(위엔)
일	ゲン(겐)

근원 원

자형은 '厂'(한:낭떠러지)과 '泉'(천)의 변형 '泉'
으로 되어 있다. 낭떠러지 중간 부분에서 샘물이 솟아
나고 있으니, 이것은 분명히 다른 곳에서 흘러나온 물
이 아니다. 본래의 뜻은「물의 근원」, 즉「수원」(水原)
이다. 후에 와서 이런 뜻은 '源'(원)으로 쓰고, '原'
은 주로「최초」(예:原始 원시),「가공하지 않은 상태」
(예:原料 원료, 原油 원유) 등의 뜻으로 쓰게 되었다.
「넓은 들」이란 뜻도 있다(예:平原 평원).

응용 : 原泉 원천, 原産地 원산지, 原文 원문, 原始 원시, 原因
원인, 原油 원유, 原點 원점, 原住民 원주민, 原則 원칙,
原理 원리, 拔本塞原 발본색원, 返本還原 반본환원, 燎原
之勢 요원지세, 星星之火, 可以燎原 성성지화, 가이요원.

낭떠러지

샘

물

쓰는
순서 一 厂 厂 厈 厡 盾 原 原   10획

草

한 초: 풀(grass). 시작하다(start)
중 cǎo(차오)　　　일 ソウ(소-)

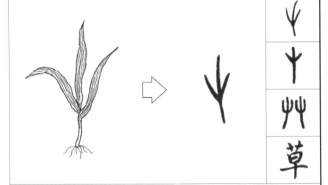

지금의 자형은 '艹'(艸)와 '早'(조)로 되어 있다. '艹'는 두 포기의 '풀'(艸)이란 뜻을, '早'(조)는 소리를 나타내는 형성자(形聲字)이다. 그러나 고문에서는 한 포기의 풀이 처음 돋아난 모습(↓)으로, 본래의 뜻은 「풀」이다. 갓 돋아났다는 데서 「시작하다」는 뜻이 생겼다.(예: 草創 초창)후에 '艹'가 초본(草本) 식물을 가리키는 부수자로 사용되자, '早'(조)를 덧붙여 '草'로 쓰게 되었다.

응용 : 草家 초가, 草根木皮 초근목피, 草堂 초당, 草木 초목, 草野 초야, 草創 초창, 花草 화초, 香草 향초, 藥草 약초, 三顧草廬 삼고초려, 結草報恩 결초보은, 玉居山而草木潤 옥거산이초목윤, 茂林之下無豊草 무림지하무풍초.

쓰는 순서 : ㅣ ㅛ ㅛ 艹 芦 芦 莒 莒 草　　10획

풀 두 포기
草

卉

한	훼: 풀(grass). 초목
중	huí(훼이)
일	キ(키)

풀 훼

고문에서는 풀 한 포기의 모습('Ψ', 'Ψ')이나 풀 두 포기의 모습('ΨΨ', '艸')으로 「풀」(草)이란 뜻을 나타내고, 모든 풀 이름에는 '艸'의 생략형인 '풀초변'(⺾)을 덧붙였다(예:花 화, 芝 지 등). 그리고 풀 세 포기의 모습('艸', '卉'→卉→卉)으로써는 「많은 풀」, 즉 「풀」의 총칭(總稱)을 나타냈다(*참고: 品 품, 晶 정, 磊 뢰, 森 삼, 蟲 충, 衆 중 등).

풀(Ψ)
세 포기

卉

응용 : 花卉 화훼. 嘉卉 가훼, 百卉 백훼, 野卉 야훼, 地卉 지훼, 百卉含英 백훼함영, 奇花異卉 기화이훼, 奇花名卉 기화명훼.

쓰는 순서   一 十 ナ ナ 卉   5획

生

| 한 | 생: 낳다(bear). 자라다(grow) |
| 중 | shēng(성) | 일 セイ(세이) · ショウ(쇼오) |

날 생

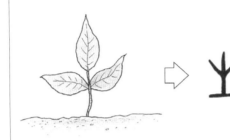

갑골문 자형 '⍦'은 새 싹(⍦)이 지면(一) 위로 돋아나서 자라는 모습인데, 금문 이후 지면을 흙(⊥→ ⊥→土)으로 바꾸면서 지금의 모양처럼 되었다(⍦→ ⍦ → ⍦ → 生 → 生). 본래의 뜻은 「초목이 땅 위로 돋아나서 자라다」이다. 「낳다」, 「자라다」, 「살다」, 「만들다」, 「(죽지 않고) 살아 있는」, 「(익지 않은) 날 것」 등의 뜻은 모두 이로부터 생겨난 것이다.

응용 : 出生 출생, 生家 생가, 生母 생모, 生活 생활, 生命 생명, 生産 생산, 生業 생업, 生鮮 생선, 生死 생사, 生食 생식, 生存 생존, 平生 평생, 學生 학생, 先生 선생, 九死一生 구사일생, 蓬生麻中 봉생마중, 不扶而直 불부이직

잎

지면

쓰는 순서 ﾉ ﾉ ﾉ 牛 生   5획

139

才

한 재: 재능(ability). 소질(talent).
중 cái(차이)　　　　　일 サイ(사이)

바탕 재

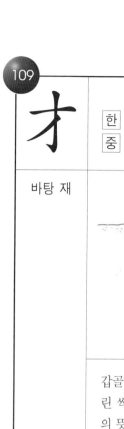

갑골문 자형 '⼽·⼿' 등은 '지면'(一) 아래에서 어린 싹(⼽)이 돋아나서 뿌리까지 생긴 모습이다. 본래의 뜻은 「땅에서 돋아난 어린 싹」이다. 어린 싹(才)이 땅(土)에서 돋아나기 시작하는 뿌리를 내리면(才土), 항상 그 자리에 '있게 되며'(在재 참조), 그 싹이 자라서 다시 열매를 맺고 씨앗(子)을 갖게 되면(存), 계속해서 존재할 수 있다(存 존 참조). 그래서 갑골문에서 '才'와 '在', '存'은 서로 통용되었다. 태어날 때부터 가지고 있는 잠재적 능력이 「재능」, 「소질」이다.

응용 : 才能 재능, 才德 재덕, 才色 재색, 才質 재질, 天才 천재, 奇才 기재, 才德兼備 재덕겸비, 才疏學淺 재소학천, 天下奇才 천하기재, 薄學多才 박학다재, 經世之才 경세지재, 秀才不出門, 能知天下事 수재불출문, 능지천하사.

지면　　싹

뿌리

쓰는 순서 一 十 才　　3획

在

한 재: 있다(exist, remain)
중 zài(짜이)   일 ザイ(자이)

있을 재

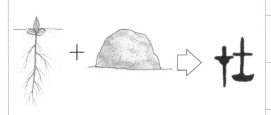

자형은 '才'와 '土'로 이루어져 있다. 갑골문 자형 'ᵜ·ᵜ' 등은 어린 싹(ᵜ)이 '지면'(一) 위로 갓 돋아나려는 모습을 그린 것으로, 여기에 다시 '土'를 덧붙여, 어린 싹이 '땅 속'에서 뿌리를 내렸으니, 앞으로 계속 '그 자리에서 자라갈 것'이란 뜻을 나타냈다. 갑골문에서는 '才'와 '在', '存'은 서로 통용되었는데, '才'와 '子'로 이루어진 '存'은 씨앗을 통해서 생명이 계속 이어진다는 뜻을 나타낸다.

응용 : 現在 현재, 實在 실재, 存在 존재, 在庫品 재고품, 在野 재야, 在位 재위, 在任 재임, 在籍 재적, 自由自在 자유자재, 無所不在 무소부재, 謀事在人, 成事在天 모사재인, 성사재천, 山不在高, 有仙則名 산부재고, 유선즉명.

싹   지면

뿌리   흙

쓰는순서   一 ナ 才 才 存 在   6획

結草報恩(결초보은: 지에 차오 빠오 은)

　　중국 춘추(春秋)시대 때 진(晋) 나라에 위무자(魏武子)라는 관리가
살았는데, 위무자에겐 아주 젊은 애첩이 하나 있었습니다.

　　어느 날 위무자는 병이 나서 자리에 눕게 되자, 아들 위과(魏顆)에게
이렇게 말했습니다.

　　"내가 죽거든 내 애첩을 개가시키도록 해라. 아직 젊은 여자이니 개가
하는 것이 마땅하느니라."

　　하지만 위무자는 목숨을 거두기 직전 마음을 바꿔 애첩을 죽여서 자
기와 같이 묻어 달라고(殉葬) 말하고는 죽었습니다. 그러나 위무자의 아
들은 아버지의 처음 유언을 따라 애첩을 개가시키면서,

"아버지께서 돌아가시기 직전 정신이 혼미하실 때 하신 유언을 따를 수는 없다. 아직 정신이 맑으셨을 때 하신 유언을 따라 애첩을 개가시키 도록 하라."고 했습니다.

몇 년 뒤 위과는 군사를 이끌고 진(秦) 나라 두회(杜回)라는 유명한 장군과 싸움을 하게 되었습니다. 첫번째 전투에서 패배한 위과에게 한 노인이 나타나 이렇게 충고했습니다.

"여기서 좀 떨어진 곳에 사람 키만큼 높이 자란 풀로 뒤덮힌 언덕이 있습니다. 그 언덕으로 후퇴하시고 거기서 두회에게 싸움을 거십시오. 그 다음은 제게 좋은 방법이 있습니다."

위과는 노인의 말대로 두회를 유인하였고, 두회는 노인이 풀과 풀을 엮어 언덕 전체를 그물처럼 만들어 놓은 망에 걸려 넘어졌습니다. 그 순간 위과는 두회를 죽이고 전투에서 승리했습니다.

알고 보니 그 노인은 바로 애첩의 아버지였습니다. 평생을 과부로 살 뻔했던 딸을 개가할 수 있도록 허락해 준 위과에게 은혜를 갚았던 것입니다. 그래서 '풀을 묶어서 은혜를 갚는다'는 결초보은(結草報恩)이란 말은 은혜를 갚는 행동을 비유하는 성어가 되었습니다.〔출처:《左傳·宣公十五年》(좌전·선공십오년)〕

〈한자풀이〉
結(결):맺다. 草(초):풀. 報(보):보답하다. 恩(은):은혜.

143

한	목: 나무(tree, timber)		
중	mù(무)	일	ボク(보쿠) · モク(모쿠)

나무 목

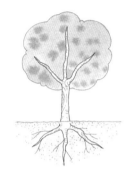

갑골문의 자형 '✳ · ✳ · ✳' 등은 가지와 줄기와 뿌리가 모두 갖추어진 한 그루 나무의 모습이다. 자형 중에서 가지를 나타내던 부분(✳)만 나중에 횡선(一)으로 바뀌었다. 본래의 뜻은 「나무」이다. 「목재」란 뜻도 이로부터 생겼다. '木'이 부수자나 자소(字素)로 들어 있는 한자는 모두 「나무 이름」또는 「나무로 만들어진 것」과 관련이 있다.

응용 : 木工 목공, 木石 목석, 木馬 목마, 木器 목기, 木星 목성, 木造 목조, 草木 초목, 苗木 묘목, 巨木 거목, 雜木 잡목, 土木 토목, 枯木生花 고목생화, 朽木糞土 후목분토, 直木先伐, 甘井先竭 직목선벌, 감정선갈, 獨木難支 독목난지.

가지

뿌리

쓰는 순서 一 十 才 木   4획

本

한 본: 뿌리(root). 근본(origin)
중 běn(뻔) 反 末(말)   일 ホン(혼)

근본 본

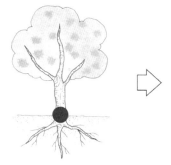

자형은 '木' 아래에 'ㅡ'을 붙여 놓은 모습이다. 아래쪽의 'ㅡ'은 문자가 아니고 나무 뿌리가 있는 위치를 가리키는 지사부호이다. 본래의 뜻은 「나무 뿌리」이다. 「뿌리」란 뜻에서 「기초」, 「근본」이란 뜻이 생겼고, 「('이자'를 낳는) 본전」, 「본래」, 「원래」 등의 뜻도 생겼다. 그리고 자기(自己)쪽을 가리키기도 하고(예: 本人 본인, 本家 본가 등), 책의 판본(板本:book)을 가리키기도 한다.

응용 : 本末 본말. 本質 본질. 本流 본류. 本部 본부. 本意 본의. 本錢 본전. 資本 자본. 根本 근본. 基本 기본. 製本 제본. 寫本 사본. 配本 배본. 舍本逐末 사본축말. 孝爲百行之本 효위백행지본. 義者人之大本也 의자인지대본야.

나무

지사부호

쓰는 순서 一 十 才 木 本   5획

145

113

| 한 | 말: 끝(end) |
| 중 | mò(모)　反　本(본)　일　マツ(마츠) · バツ(바츠) |

끝 말

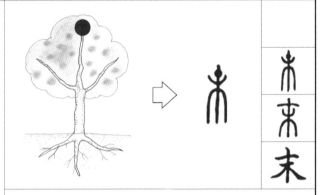

자형은 '木' 위에 긴 횡선 'ㅡ'을 덧붙여 놓은 모습이다. 금문의 자형 'ᳵ'에서 윗쪽에 있는 '·'(→ㅡ)은 문자가 아니고 나무 가지의 끝 부분임을 가리키는 지사부호이다. 본래의 뜻은 「나무 가지의 끝」이다. 「나무 가지의 끝」이란 뜻에서 사물의 「끝」, 「끝나다」란 뜻과, 「중요하지 않은 것」이란 뜻도 생겼다. '本'(본)의 반대이다.

응용 : 本末 본말, 始末 시말, 末期 말기, 末年 말년, 末端 말단, 末路 말로, 末日 말일, 結末 결말, 終末 종말, 年末 연말, 月末 월말, 本深末茂 본심말무, 務本抑末 무본억말, 明察秋毫之末, 而不見輿薪 명찰추호지말, 이불견여신.

지사부호

나무

쓰는순서　ㅡ ㅡ ㅜ ㅈ 末　5획

林

수풀 림

자형은 '木'(목)두 개가 나란히 있는 모습이다. 본래의 뜻은 '한 곳에 많이 모여 있는 나무들', 즉 「숲」이다. 같은 모양의 글자를 두 개 겹쳐 써서 '많다'는 뜻을 나타낸 한자의 예로는 '多'(다), '艸'(초), '炎'(염) 등이 있다. '林'에는 나무 외에도 '같은 종류의 사물이 많이 모여 있는 곳'이란 뜻도 있다(예: 碑林 비림: 비석이 많이 모여 있는 곳. 藝林 예림: 예술품이 많이 모여 있는 곳. 學林 학림: 학자들이 많이 모여 있는 곳.)

나무 두 그루

/

응용 : 林野 임야. 林業 임업. 林學 임학. 山林 산림. 原始林 원시림. 造林 조림. 處女林 처녀림. 藝林 예림. 儒林 유림. 書林 서림. 一林二虎 일림이호. 見木不見林 견목불견림. 一絲不線, 一木不林 일사불선, 일목불림.

쓰는순서 一 十 才 木 木 朴 材 林   8획

147

果

한 과: 과일(fruit). 결과(result)
중 guǒ(구워)   일 カ(카)

과실 과

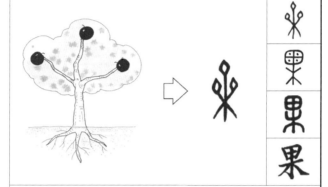

자형은 '木'(목)위에 '田'(전:밭)이 있는 모습이다. 여기서 '田'은 여러 개의 과일을 나타낸 것이지 '밭' (田)이 아님이 갑골문과 금문의 자형 '🌿', '🌿' 등을 보면 자명해진다. 본래의 뜻은「과일」이다. 나무가 커서 열매를 맺는다는 데서「결과」(結果)란 말이 생겼고, 과일을 자르듯 어떤 일을 쉽고 분명하게 처리한다는 데서「과단」(果斷)이란 말도 생겼다.「과연」(果然)은 결과가 예상했던 것과 같다는 뜻이다.

응용 : 果木 과목, 果實 과실, 果樹園 과수원, 結果 결과, 效果 효과, 因果 인과, 果然 과연, 果斷 과단, 因果應報 인과응보, 果如其言 과여기언, 先花後果 선화후과, 開花結果 개화결과, 言必信 , 行必果 언필신, 행필과.

쓰는순서 ` 冂 曰 旦 里 甲 果 果 8획

과일

果

나무

116

相

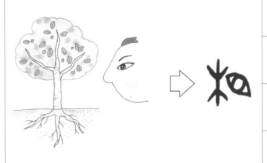

한	상: 보다(observe). 서로(each other)
중	xiàng(시양)
일	ソウ(소-)・ショウ(쇼-)

볼 상

갑골문 자형 '𣏧'은 '𣏧'과 '𣍐'이 나란히 있는 모습인데, 지금의 자형 '相'과 똑같다. 나무의 상태가 목재로 쓰기에 적합한지 자세히 살펴보고 있는 모습으로, 본래의 뜻은 「자세히 보다」이다. 이로부터 「자세히 본다」는 뜻과, 「용모」나 「얼굴」이란 뜻이 생겼고, 서로 마주보고 있는 모습에서 「서로」란 뜻도 생겼다. 「재상」, 「수상」 등 높은 관직명으로도 쓴다.

응용 : 相馬 상마. 貴相 귀상. 觀相 관상. 眞相 진상. 相互 상호. 相議 상의. 相對方 상대방. 首相 수상. 宰相 재상. 相輔相成 상보상성. 鷸蚌相爭. 漁翁得利 휼방상쟁. 어옹득리. 良禽相木而栖. 賢臣擇主而事 양금상목이서. 현신택주이사.

나무
相
눈

쓰는 순서 一 十 才 木 机 机 相 相 相　9획

竹

죽: 대나무(bamboo)

중 zhú(주)

일 チク(치쿠)

대나무 죽

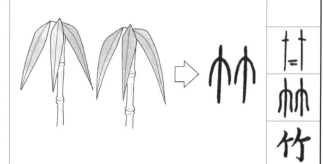

자형은 '竹'이 두 개 겹쳐진 모습으로, '屮'가 두 개 겹쳐진 '艸'(초:풀)와 자형의 구조가 비슷하다. '竹' 는 대나무의 가지 끝에 잎사귀 세 개가 붙어 있는 모습으로, '竹'의 본래의 뜻은 「대나무」이다. 한자에서 '竹'은 주로 대나무로 만들어진 악기나, 그릇이나, 기물 이름을 나타내는 부수자로 많이 사용된다(예: 箕 기 등).

두 개의 대나무 잎과 가지

竹

응용 : 竹林 죽림, 竹器 죽기, 竹簡 죽간, 竹刀 죽도, 竹筍 죽순, 竹杖 죽장, 爆竹 폭죽, 孤竹 고죽, 竹夫人 죽부인, 破竹 之勢 파죽지세, 竹馬故友 죽마고우, 吹竹彈絲 취죽탄사, 爆竹聲中一歲除 폭죽성중일세제.

쓰는 순서 丿 丿 攵 攵 攵 竹 6획

牛

한 우: 소(cow, ox)
중 niú(니우)
일 ギュウ(규-)

소 우

갑골문 이전의 도화문자(圖畫文字) '＄'를 보면 소의 특징을 커다란 한 쌍의 '뿔'과 '귀'와 '눈'으로 표현하고 있다. 갑골문 자형 '＄'에서는 '눈'은 생략하고 다만 한 쌍의 큰 '뿔'과 '귀'의 모습만으로 '소'라는 뜻을 나타냈다. 그런데 나중에 와서는 뿔은 사선과 횡선으로, 양쪽 귀는 하나의 횡선으로 바뀌면서 지금의 자형처럼 되었다.

응용 : 牛耳 우이, 牛乳 우유, 牛皮 우피, 韓牛 한우, 肥牛 비우, 牛馬 우마, 牛毛 우모, 九牛一毛 구우일모, 賣劍買牛 매검매우, 割鷄焉用牛刀 할계언용우도, 寧爲鷄口, 毋爲牛後 영위계구, 무위우후.

뿔

귀

쓰는 순서   ノ 𠂉 二 牛   4획

馬

한 마: 말(horse)

중 mǎ(마)   일 バ(바)

말 마

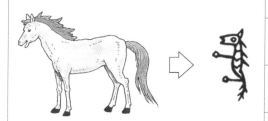

말의 특징은 긴 얼굴과 목 뒤에 난 갈기털과, 빠르고 힘차게 달리는 네 개의 다리이다. 도화문자 '🐎' 및 갑골문 자형 '🐎' 등은 말의 이러한 특징을 잘 나타내고 있다. 그러나 소전 이후에 와서는 자형이 너무 많이 변하여 말의 모습을 찾아보기가 쉽지 않으나, 네 다리(馬)와 갈기털(馬)과 꼬리(馬)의 흔적은 그대로 남아 있다.

응용 : 馬車 마차. 馬力 마력. 馬術 마술. 馬耳東風 마이동풍. 競馬 경마. 乘馬 승마. 行馬 행마. 千里馬 천리마. 塞翁之馬 새옹지마. 走馬看花 주마간화. 天高馬肥 천고마비. 路遙之馬力 事久見人心 노요지마력, 사구견인심.

갈기

발   꼬리

쓰는 순서   丨 丆 丆 匡 匡 馬 馬 馬 馬   10획

152

犬

한	견: 개(dog)	
중	quǎn(취엔)	일 ケン(켄)

개 견

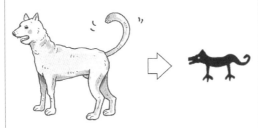

개의 특징은 항상 벌리고 있는 '입'과, 가늘고 긴 '허리', 끝을 감아올린 '꼬리'에 있는데, 도화문자 '🐕' 와 갑골문 자형 '犬·犬' 등은 개의 이런 특징을 잘 나타내고 있다. 그러나 지금의 자형은 「개」의 '몸체'를 나타내는 '大'와 개의 '귀'가 변화된 '丶'만으로 이루어져서 개의 형상을 더 이상 찾아보기 어렵게 되었다. 「개」를 뜻하는 부수자는 '犭'로 쓰며, 개고기는 「犬肉」이 아니라 '狗肉'(구육: 꺼우로우)이라 한다.

응용 : 犬馬之勞 견마지로, 軍犬 군견, 狂犬 광견, 愛犬 애견, 野犬 야견, 獵犬 엽견, 猛犬 맹견, 鬪犬 투견, 喪家之犬 상가지견, 狡兎死, 良犬烹 교토사, 양견팽, 一犬吠形, 百犬吠聲 일견폐형, 백견폐성.

머리 귀
다 리
꼬리

쓰는 순서 一 ナ 大 犬   4획

153

緣木求魚(연목구어: 위엔 무 치우 위)

옛날 중국 전국(戰國)시대 때 제(齊) 나라에 선왕(宣王)이란 왕이 있었습니다. 선왕은 전쟁을 일으켜서 이웃 나라를 침공해 국가의 영토를 확장하려는 욕망을 갖고 있었습니다. 그리하여 나라와 자기의 위신을 세우고 천하의 패자(覇者)로 불려지기를 바랐습니다.

선왕을 곁에서 지켜보던 맹자는 이렇게 충고했습니다.

"천하의 패자가 되시길 바란다면, 우선 지금 이 나라부터 잘 다스려야

154

합니다. 자애로운 정치를 펼쳐서 천하의 관리, 농부, 장사치, 심지어는 나그네들까지도 전부 이 나라로 오고 싶어하도록 만들어야 합니다. 그래야만 진정으로 천하를 재패할 수 있습니다."

맹자는 계속해서 말했습니다.

"만약 무력을 써서 천하를 제패하려고 한다면, 그것은 '나무에 올라가서(緣木) 물고기를 잡으려고 하는(求魚)' 것처럼 터무니없는 짓이 되고 맙니다. 그렇게 해서는 왕께서 바라시는 목적을 결코 이룰 수 없을 것입니다."

폭력으로 자기 욕심을 채우려는 왕은 잘못된 방법으로 일을 도모하고자 했고, 그런 방법으로는 아무리 노력해도 헛수고임을 맹자는 나무에 올라가서 물고기를 잡으려는 행동에 비유한 것입니다. 물고기를 잡으려면 나무에 올라갈 것이 아니라 물가로 가야지요.

맹자의 말에서 나온 연목구어는 터무니없는 주장을 하는 사람을 빗대는 성어가 되었습니다.〔출처:《孟子·梁惠王》(맹자·양혜왕)〕

〈한자풀이〉

緣(연):~에서 인하다.　木(목):나무.　求(구):구하다.

魚(어):물고기.

155

121

吠

| 한 | 폐: 개가 짖다(bark) |
| 중 | fèi(페이) | | 일 | ㅋㅜ(요-) |

개 짖을 폐

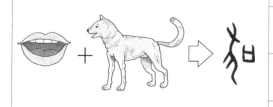

자형은 '口'(구:입)와 '犬'(견:개)으로 이루어져 있는 회의자(會意字)이다. '개(犬)＋입(口)'으로 나타낼 수 있는 의미로는, 첫째, '개가 짖다', 둘째, '개가 물다', 셋째, '개가 먹다' 등이 있으나, 부수자 '口'가 들어 있는 대부분의 한자들과 마찬가지로, 개의 입으로써 나타내고자 한 것은 「개가 말하다(짖다)」인 듯하다. '吠'(폐)의 본래의 뜻은 '개가 짖다'이다.

응용 : 狗吠 구폐, 鷄鳴狗吠 계명구폐, 蜀犬吠日 촉견폐일, 桀犬吠堯 걸견폐요, 跖狗吠堯 척구폐요, 狂犬吠日 광견폐일, 一犬吠形, 百犬吠聲 일견폐형, 백견폐성.

입 吠 / 개

쓰는 순서 丶 丨 冂 冂 冖 吠 吠 吠   7획

156

羊

한	양: 양(sheep)
중	yáng(양)
일	コウ(코)

양 양

양의 특징은 아래로 둥글게 말려 있는 뿔과, 뾰족한 입과 수염에 있다. 이러한 특징을 가장 단순한 형태로 표시한 것이 갑골문 자형 '♈'인데, 후에 와서 귀와 눈을 연결한 부위의 모습을 하나의 횡선으로 추가하였다(♈). 고대인들에게 있어서 양고기는 맛있는 주요 식품이었으므로, '羊'이 부수자나 부품으로 들어 있는 한자에는 '좋다'는 뜻이 있다(예:羨 선, 祥 상, 善 선 등).

응용 : 羊毛 양모, 羊皮 양피, 山羊 산양, 綿羊 면양, 牧羊 목양, 羊頭狗肉 양두구육, 多岐亡羊 다기망양, 羊腸九折 양장구절, 懸羊頭, 賣狗肉 현양두, 매구육, 亡羊補牢不算晩, 船到江心補漏遲 망양보뢰불산만, 선도강심보루지.

뿔
눈
입
코

쓰는 순서 ヽ ゛ ゛ ゛ ゛ 羊   6획

羔

한 고: 새끼양(lamb)

중 gāo(까오)

일 ビ(비) · ミ(미)

새끼양 고

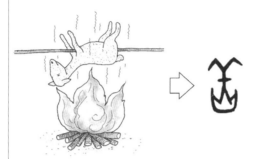

자형은 '양'(羊)과 '불'(火 →⺍)로 되어 있다. 양을 불에 통째로 굽고 있는 모습으로, 이런 경우에는 주로 「새끼양」을 쓴다. 양 중에서 새끼양이 굽기도 쉽고 맛도 제일 좋기 때문이다. 본래의 뜻은 「새끼양」이다. 새끼양의 가죽이 '羊皮'(고피)이고, 그 가죽으로 만든 털옷이 '羊裘'(고구)이다.

응용 : 羔羊 고양, 羔裘 고구, 羔皮 고피, 羔羊美酒 고양미주, 迷途之羔羊 미도지고양.

양
羔
불

쓰는 순서 ⺍ ⺊ ⺌ 羊 羊 羔 10획

158

美

아름다울 미

자형은 '大'(대) 위에 '羊'(양)이 있는 모습인데, 이 '羊'은 본래는 '양'이 아니라 깃털과 같은 종류의 장식물(☆)이었는데, 후에 '羊'으로 잘못 변했다. 이것을 머리에 꽂은 것은 아름답게 보이기 위해서였다. 본래의 뜻은 「아름답다」이다. 인간은 옷을 입기 이전부터 남에게 아름답게 보이려고 자신의 몸을 여러 가지 방식으로 꾸몄는데, '문신'(文身)도 그 중의 한 가지 방법이다.

응용 : 美人 미인. 美女 미녀. 美術 미술. 美容 미용. 美談 미담. 美德 미덕. 美風 미풍. 美醜 미추. 審美眼 심미안. 美酒佳肴 미주가효. 盡善盡美 진선진미. 成人之美 성인지미. 同美相妬 동미상투. 信言不美 신언불미.

쓰는 순서 ⸜ ⸝⸜ ⸜⸝⸜ ⸜⸝⸝ 半 羊 羊 美 美 9획

머리장식

사람(人)

159

돼지 시

갑골문에서 '돼지'(豕)의 자형 '⺓'와 '개'(犬)의 자형 '⺓'은 기본적으로는 비슷하나 두 가지 점에서 차이가 있다. 즉, 돼지의 배는 뚱뚱한데 개는 날씬하며, 돼지 꼬리는 내려갔는데 개의 꼬리는 위로 들려져 있다는 점이다("腹肥尾垂者爲豕, 腹瘦尾擧者爲犬"). '豕'(시)의 본래의 뜻은 「돼지」이다. '豕'가 부수자로 들어 있는 한자는 '돼지' 또는 돼지의 모양이나 특성과 관련된 뜻이 있다.

응용 : 豕心 시심:돼지처럼 욕심이 많은 마음. 豕突 시돌＝猪突 저돌:돼지처럼 앞뒤를 생각하지 아니하고 돌진함. 遼東白豕 요동백시. 豕交獸畜 시교수축.

입 귀
다리 꼬리

쓰는순서　一　亅　丁　丏　丏　豕　豕　　7획

豚

한	돈: 돼지(pig)		
중	tún(툰)	일	トン(톤)

돼지 돈

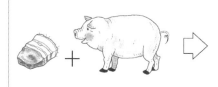

자형은 '月'과 '豕'(시)로 되어 있다. 여기서 '月' (육)은 '달'(🌙)이 아니라 '고기'(肉)를 나타낸다. 갑골문 자형 '🐖·🐖' 등은 '豕+肉'의 모양인데, 금문과 소전에서는 '손'(又)이 덧붙여져서(🐖)「손으로 돼지고기를 집어 제사상에 올린다」는 뜻을 나타냈다. 본래의 뜻은「새끼 돼지」였으나, 후에 와서는 그냥「돼지」전체를 가리키게 되었다.

고기(肉)

돼지

응용: 家豚 가돈, 豚皮 돈피, 養豚 양돈, 河豚 하돈, 海豚 해돈: 돌고래. 豚魚之信 돈어지신, 信及豚魚 신급돈어.

쓰는 순서 ㇀ ㇆ 月 ㇉ 肜 肜 豚 豚   11획

161

兎

한 토: 토끼(rabit)
중 tù(투)　　　　일 ト(토)

토끼 토

 ⇒

토끼의 특징은 '기다란 귀'와, 위로 치켜올라 간 '짧은 꼬리', 그리고 '짧은 앞다리'에 있다. 갑골문의 자형 ' 등은 그 모양이 똑같지는 않으나 기본적으로 이러한 특징들을 잘 나타내고 있다. 본래의 뜻은 「토끼」이다. 달 속에는 토끼가 살고 있다는 전설이 있는데, 이로부터 「달」(月)이란 뜻이 파생되었다. '兎死狗烹'(토사구팽)이란 토끼가 죽으면 토끼를 사냥하는 데 이용된 개를 삶아 먹는다는 뜻이다.

응용 : 狡兎 교토, 玉兎 옥토, 月兎 월토, 金烏玉兎 금오옥토:해와 달, 兎角龜毛 토각귀모, 狡兎三窟 교토삼굴, 守株待兎 수주대토, 狡兎死, 良狗烹 교토사, 양구팽, 静如處女, 動如脱兎 정여처녀, 동여탈토.

쓰는순서 ′ ′ ′ ′ ′ 兎 兎　7획

162

鹿

한	록: 사슴(deer)	
중	lù(루)	
일	ロク(로쿠)	

사슴 록

「사슴」의 특징은 크고 아름다운 '뿔'과, 겁을 먹은 듯한 큰 '눈', 그리고 달리기에 알맞은 긴 '다리'에 있다. 갑골문의 자형 '𩃕·𩃕·𩃕' 등은 이런 특징들을 잘 갖추고 있는 대표적인 상형자이다. 본래의 뜻은 「사슴」이다. '鹿'이 부수자로 들어 있는 한자는 사슴의 아름다운 「뿔」과 그 잘 달리는 성질과 관련이 있다 (예:麗 려, 塵 진).

응용 : 鹿茸 녹용, 鹿角 녹각, 鹿皮 녹피, 鹿鳴 녹명, 逐鹿 축록, 指鹿爲馬 지록위마, 中原逐鹿 중원축록, 群雄逐鹿 군웅축록.

뿔
鹿 눈
두 다리

쓰는 순서 一 广 户 户 户 庐 庐 鹿 鹿   11획

象

한	상: 코끼리(elephant)
중	xiàng(시양)
일	ショウ(쇼-)・ゾウ(조)

코끼리 상

「코끼리」의 특징은 '긴 코'와 길게 뻗어나온 '어금니'(象牙), 그리고 거대한 몸체에 있는데, 갑골문 자형 '・'에서는 '긴 코'와 '다리' 및 '꼬리'만 나타나 있고 어금니는 찾아보기 힘들다. 본래의 뜻은 「코끼리」이다. '象'자의 아래쪽은 '豕'(시:돼지)와 같은 모양인데, 뚱뚱한 몸매와 다리가 돼지와 닮았기 때문이다. '象'에는 또 「모양」, 「꼴」이란 뜻과(예: '氣象' 기상, '印象' 인상), 「닮다」, 「본뜨다」란 뜻이 있다 (예: '象人' 상인, '象形' 상형).

응용 : 象牙 상아, 象徵 상징, 象形 상형, 具象 구상, 對象 대상, 物象 물상, 現象 현상, 形象 형상, 抽象 추상, 虎爪象牙 호조상아, 象牙之塔 상아지탑, 得意忘象 득의망상, 森羅萬象 삼라만상, 衆盲摸象 중맹모상.

코　머리
象
다리　꼬리

쓰는
순서　　ⁿ　ㅻ　ㅼ　ㅽ　争　象　象　象　　12획

130

虎

한 호: 호랑이(tiger)

중 hǔ(후)　　　　일 コ(코)

호랑이 호

호랑이의 가장 큰 특징은 '으흥'하고 포효할 때 드러나는 큰 입과, 무시무시한 이빨, 날카로운 발톱과, 몸의 줄무늬 등이다. 갑골문 자형 '𧇞'에서는 이러한 특징들이 모두 잘 나타나 있으나, 차츰 난순화되어 나중에는 호랑이의 입과 이빨, 그리고 얼굴 부위의 수염만 남아 있는 머리 모양이 되었다가, 결국 지금의 자형처럼 되었다(𧇞 → 𧇞 → 𧇞 → 虎).

응용 : 虎口 호구, 虎視眈眈 호시탐탐, 虎皮 호피, 白虎 백호, 猛虎 맹호, 龍虎相爭 용호상쟁, 狐假虎威 호가호위, 虎豹不外其爪 호표불외기조, 二虎相爭, 必有一傷 이호상쟁, 필유일상, 不入虎穴, 不得虎子 불입호혈, 부득호자.

눈썹·귀

머리

虎

다리·꼬리

쓰는
순서　ㅣ　ㅏ　ㅗ　广　卢　虍　虎　虎　8획

165

指鹿爲馬(지록위마: 즈 루 웨이 마)

중국 진(秦) 나라 때 진시황이 죽고 난 다음 그 아들이 황제로 있을 때 조고(趙高)라는 승상이 반란을 일으킬 음모를 세웠습니다.

조고는 조정의 다른 대신들이 이 반란을 지지할 것인지 반대할 것인지를 알아보기 위해 한 가지 방법을 생각해 냈습니다.

어느 날 조고는 사슴을 끌고 황제와 대신들 앞에 나타나서, 황제에게 이렇게 말했습니다.

"제가 황제께 진상하려고 말을 가져왔습니다."

"승상이 틀렸소. 그것은 사슴이지 말이 아니잖소?"

승상의 속셈을 모르는 황제가 웃으며 말했습니다. 그러자 조고는 태연스레 말했습니다. "폐하, 저것은 사슴이 아니라 말이옵니다." 그러자 황제는 좌우의 대신 모두에게 동의를 구하듯 물었습니다.

"저것이 말인가, 사슴인가?"

대신들은 조고의 속셈을 알고 있었습니다.

어떤 대신은 조고가 두려워서 말이라고 대답했고, 어떤 대신은 양심에 따라 사슴이라 대답하였고, 어떤 대신은 아예 대답을 피했습니다.

훗날 조고가 반란을 일으킨 다음, 양심에 따라 사슴이라 대답한 대신들은 모두 화를 입었고, 그로부터 대신들은 더욱 조고를 무서워하게 되었답니다.

"사슴을 가리켜 말이라 하다"는 뜻의 지록위마(指鹿爲馬)는 권력의 힘만 믿고 뻔한 사실을 아니라고 우기거나, 옳고 그름을 있는 그대로 말하지 않고 권력자의 의중을 살펴 거기에 맞추어 대답하는 경우를 비유하는 성어가 되었습니다.〔출처:《史記·秦始皇本紀》(사기·진시황본기)〕

〈한자풀이〉

指(지):가리키다.　鹿(록):사슴.　爲(위):하다.　馬(마):말.

能

한	능: 할 수 있다(can). 능력(ability)
중	néng(넝)
일	ノウ(노-)

능할 능
재능 능

금문의 자형 '𦫖'은 '머리'(ㅂ→ㅅ)와 크게 벌린 '입'(月→月)과 '두 다리'(ㅌㅌ→ㅌ)로 표현한 한 마리 「곰」의 모습으로, 본래의 뜻은 「곰」이며, '熊 (웅: 곰)의 본래자이다. 「곰」(能)은 원래 힘도 세고, 지능(知能)과 재능(才能)도 뛰어난 동물이다. '能' 이 후에 「재능」, 「능력」 등의 뜻으로 가차되자, 다시 네 다리(灬)를 또 다시 덧붙인 '熊 (웅: 곰)으로 써서 본래의 뜻을 나타냈다. 결국 '熊 에는 다리가 8개 있다.

응용 : 才能 재능. 可能 가능. 本能 본능. 無能 무능. 性能 성능. 知能 지능. 效能 효능. 能事 능사. 能力 능력. 能率 능률. 知過能改 지과능개. 全知全能 전지전능. 無所不能 무소불능. 水能載舟. 亦能覆舟 수능재주. 역능복주.

쓰는순서 　丶　ㄥ　ㅌ　ㅌ　ㅌ　ㅌ　能　能　能　　10획

鼠

한 서: 쥐(rat, mouse)

중 shǔ(수우)　　　일 ン(소)

쥐 서

쥐의 특징은 물건을 갉아 먹기에 편리한 '뾰족한 입'과 '이빨', 항상 웅크리고 있는 몸체와 '긴 꼬리'에 있다. 갑골문 자형 ' '는 입 주변에 먹다 남은 음식 찌꺼기나 쌀알 같은 것까지 흩어져 있는 생동감 넘치는 상형자이다. 쥐는 '구멍' 같은 어두운 곳에 잘 숨는다. 그래서 위에 '穴'(혈:구멍)을 덧붙인 '竄'(찬)은 「구멍 속에 숨어 있는 쥐」의 모습으로, 그 뜻은 「숨다」, 「달아나다」이다.

응용 : 鼠目 서목, 社鼠 사서, 栗鼠 율서, 穀鼠 곡서, 鼠盜 서도, 鼠皮 서피, 目光如鼠 목광여서, 賊眉鼠眼 적미서안, 黃猫黑猫, 得鼠者雄 황묘흑묘, 득서자웅, 用之爲虎, 不用之則爲鼠 용지위호, 불용지즉위서.

입

등.꼬리
두발

쓰는순서　ノ 亻 囟 臼 臼 臼 臼 鼠　13획

角

한 각: 뿔(horn). 모서리(corner)
중 jiǎo(지아오)   일 カク(카쿠)

뿔 각

갑골문 자형 '···' 등은 짐승의 「뿔」 모양이다. 지금의 자형은 뿔 끝의 뾰죽한 부분과 뿔 겉면의 금간 듯한 무늬의 변형된 모습으로 이루어져 있다. 본래의 뜻은 「뿔」이다. 옛날 사람들은 이런 뿔로 술잔을 만들었다. 그래서 '觥'(굉:뿔잔), '觚'(고:술잔), 觴(상:술잔) 등의 한자에 '角'이 부수자로 들어가게 된 것이다. 「각」, 「각도」 등의 뜻은 뿔의 끝이 뾰죽한 데서 생겨났다.

응용 : 四角形 사각형, 三角形 삼각형, 直角 직각, 頭角 두각, 內角 내각, 外角 외각, 銳角 예각, 鈍角 둔각, 觸角 촉각, 角度 각도, 視角 시각, 角質 각질, 三角關係 삼각관계, 蝸角之爭 와각지쟁, 龜毛兎角 귀모토각.

뿔의 모양
角
뿔의 결

쓰는 순서 ノ ク 𠂊 角 角 角 角   7획

170

解

한	해: 풀다(solve)
중	jiě(지에)
일	カイ(카이)·ゲ(게)

풀 해

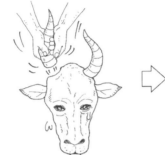

지금의 자형은 '角'(각:뿔)과 '刀'(도:칼)와 '牛'(우: 소)로 되어 있다. '칼'로 '소'의 '뿔'을 해체하는 모습 이다. 그러나 갑골문 자형 '✲'은 '칼'(刀)이 아니라 두 '손'(扌扌)으로 소의 뿔을 뽑고 있는 모습을 생생하 게 나타내고 있다. 본래의 뜻은「풀다」,「분해하다」이 다. 후에 와서 손(扌)이 칼(勹→刀)로 바뀌었다.「해 부(解剖)하다」,「해석(解釋)하다」,「이해(理解)하다」 등의 뜻은 이로부터 생겨났다.

응용 : 解散 해산. 解決 해결. 解答 해답. 解明 해명. 解放 해방. 解剖 해부. 解析 해석. 解說 해설. 解消 해소. 解任 해임. 見解 견해. 曲解 곡해. 分解 분해. 瓦解 와해. 和解 화해. 正解 정해. 誤解 오해. 百思不得其解 백사부득기해.

뿔 ― 解 ― 칼
소

| 쓰는 순서 | ク ク ク 角 角 解 解 解 解 | 13획 |

革

한	혁: 가죽(leather)	
중	gé(끼)	일 カク(카쿠)

가죽 혁

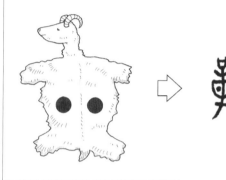

금문의 자형 '革'은 짐승의 전신(全身)을 껍질 벗겨 쫙 편 후 손질해 놓은 모습이다. 본래의 뜻은「무두질 하여 잘 다듬어 놓은 가죽」이다. 자형은 '革'와 'ㅁ' 로 되어 있는데, '革'은 머리와 앞 뒤 다리와 꼬리가 붙어 있는 모양을, 가운데의 'ㅁ'(←ㅁ)는 제일 넓고 쓸모가 있는 '배 부위의 가죽'이 있는 부위를 나타낸다. 털이 아직 그대로 붙어 있는 다듬지 않은 가죽은 '皮'(╝:피)라고 한다.

응용 : 皮革 피혁. 改革 개혁. 變革 변혁. 沿革 연혁. 兵革 병혁. 革新 혁신. 革命 혁명. 革弊 혁폐. 金革之聲 금혁지성. 革舊維新 혁구유신. 革面洗心 혁면세심. 革風易俗 혁풍역속. 君子豹變. 小人革面 군자표변. 소인혁면.

머리 앞 다리
배
꼬리 뒷다리

쓰는 순서   一 十 廿 廿 苦 革 革 革 革   9획

172

鳥

| 한 | 조: 새(bird) |
| 중 | niǎo (니아오)(鸟) | 일 チョウ(쵸) |

새 조

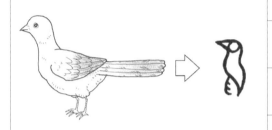

갑골문의 자형 '🐦 · 🐦 · 🐦 · 🐦' 등은 생생한 한 마리 새의 모습이다. 새의 특징은 긴 '부리'와 '날개'와 가느다란 '다리' 및 '발톱'에 있다. 갑골문에서는 이러한 특징이 그대로 표현되고 있고 지금도 그 흔적을 찾아볼 수 있다. 「새」란 뜻을 나타내는 한자로는 '鳥' 외에 '隹'(추)가 있는데, 이 둘은 서로 통용되는 경우가 많고(예:鷄=雞), 실질적인 차이는 없다(* 隹 추 참조). 중국의 간체자는 '鸟'로 쓴다.

응용 : ① 鳩 구:비둘기, 鴨 압:오리, 鳳 봉:봉황, 鳶 연:소리개 ② 鳥類 조류, 鳥銃 조총, 白鳥 백조, 飛鳥 비조, 益鳥 익조, 一石二鳥 일석이조, 鳥盡藏弓 조진장궁, 兎死狗烹 토사구팽, 鳥之將死 其鳴也哀 조지장사, 기명야애.

부리
눈
깃
발가락

쓰는 순서 ′ ⺈ ⼾ 甪 甪 鳥 鳥 鳥　　11획

烏

한 오: 까마귀(crow). 검다(black)
중 wū(우)(乌) 일 ウ(우)・オ(오)

까마귀 오

일반 '새'(鳥)와 '까마귀'(烏)의 차이점은, 일반 새의 경우에는 눈이 보이는데, 까마귀의 경우에는 온 몸이 흑색(黑色)이어서 「까만 눈」이 거기에 묻혀서 보이지 않는다는 점이다. 그래서 '鳥'(조)에서 눈동자(一)를 생략하여 「까마귀」(烏)란 뜻을 나타냈다. 그 몸의 색이 검다는 데서 「검다」는 뜻도 생겼다. 까마귀는 늙은 어미를 위하여 먹이를 날라다 줄 정도로 효성스런 새라고 해서 '효조'(孝鳥)라고도 부른다.(*간체자: 乌)

응용 : 烏骨鷄 오골계, 烏飛梨落 오비이락, 烏夜 오야, 烏有先生 오유선생, 金烏 금오, 三足烏 삼족오, 烏鵲同巢 오작동소, 烏合之卒 오합지졸, 烏有反哺之孝 오유반포지효, 金烏西墜, 玉兔東升 금오서추, 옥토동승.

부리
머리
깃
발가락

쓰는순서 ′ ′ ′ ′ ′ 烏 烏 烏 10획

174

鳴

한 명: 울다(cry)

중 míng (밍)(鸣)　　일 ㇾ亻(메이)

울 명

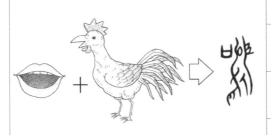

자형은 '口'(구)와 '鳥'(조)로 이루어져 있다. 갑골문의 자형에서 '鳥' 자체에 이미 새의 '부리'가 강조되고 있었는데, '鳴'에서는 부리를 크게 벌리고 있는 '수탉'의 모습(🐓·🐓)에 다시 '口'(입)을 덧붙임으로써 「닭이 운다」는 뜻을 분명히 하였다. 본래의 뜻은 「새가 울다」이다. 후에 와서는 새뿐만 아니라 「짐승」이나 '곤충'이 우는 것도, 심지어는 '종'이나 '방울'의 소리까지 '鳴'이라고 하였다.

응용 : 悲鳴 비명, 共鳴 공명, 自鳴鍾 자명종, 耳鳴 이명, 鳴琴 명금, 鳴笛 명적, 百家爭鳴 백가쟁명, 鷄鳴而起 계명이기, 鳴鼓而攻 명고이공, 單絲不線, 獨掌難鳴 단사불선, 독장난명, 鳥之將死, 其鳴也哀 조지장사, 기명야애.

새

입

쓰는순서 ㅣ 口 口 口´ ㅁ丨 叩 呾 咱 鳴 鳴 鳴　　14획

175

隹

| 한 | 추: 새(bird) | |
| 중 | zhūi(쭈이) | 일 スイ(수이) |

새 추

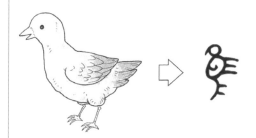

갑골문 자형 '⾫ · ⾫ · ⾫' 등은 「새」의 모습으로, '鳥'(조)보다 더 단순화되어 있다. 본래의 뜻은 「새」 이다. 흔히 '鳥'는 꼬리가 긴 새를, '隹'(추)는 꼬리 가 짧은 새를 가리킨다고 하나, 양자 사이에 분명한 구분이 있는 것은 아니다. 그래서 '鳥'와 '隹'는 서로 통용되는 경우가 많은데, 꼬리가 긴 '닭'을 '鷄' 또 는 '雞'로 쓰는 것이 좋은 예이다. '隹'는 부수자나 자소(字素)로 쓰여 「새」와 관련된 뜻을 나타낸다.

응용 : 雀 작:참새, 雞 계:닭, 集 집:모이다·모으다, 雁 안:기러기, 雉 치:꿩, 雄 웅:수컷, 雎 저:물수리, 離 리:떠나다·걸리다, 羅 라:그물, 雙 쌍:쌍.

머리·부리

깃

쓰는 순서 ノ イ イ 亻 亽 产 隹 隹 　8획

雀

한 작: 참새(sparrow)
중 què(취에)　　　일 ジャク(쟈쿠)

참새 작

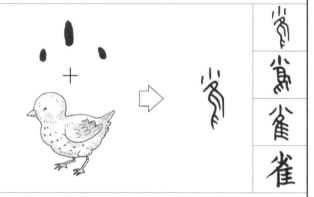

갑골문 자형 '雀·雀' 등은 '小'(小: 소)와 '隹'(隹: 추)로 되어 있다. '小'(소)는 「작다」는 뜻이니, '雀'(작)의 본래의 뜻은「작은 새」이다. 「작은 새」의 대표적인 것이「참새」이므로,「참새」란 뜻을 갖게 되었다. 갑골문을 처음 만들어 쓴 은(殷) 나라 사람들은「새」를 귀하게 여겨서 그것을 토템으로 삼고 높은 관직명에 새의 이름을 썼다.

응용 : 孔雀 공작, 燕雀 연작, 歡呼雀躍 환호작약, 黃雀 황작, 雀舌茶 작설차, 麻雀 마작, 金丸彈雀 금환탄작, 燕雀不知鴻鵠之志 연작부지홍곡지지, 爲淵驅魚, 爲叢驅雀 위연구어, 위총구작, 螳螂捕蟬, 黃雀在後 당랑포선, 황작재후.

작은(小)

새

쓰는순서 ⺊ 小 少 少 半 半 雀 雀 雀　11획

177

鳥之將死 其鳴也哀, 人之將死 其言也善

(조지장사 기명야애, 인지장사 기언야선

: 니아오 즈 지앙 스 치 밍 예 아이, 런 즈 지앙 스 치 옌 예 샨)

옛날 중국 초(楚) 나라에 공왕(共王)이란 왕이 있었습니다. 공왕은 평소에 지혜를 갖추고 판단력이 분명한 좋은 임금은 아니었습니다.

그러던 공왕이 큰 병을 앓아 살아날 가망이 없게 되었습니다. 공왕은 죽기 전 영윤(令尹)이란 신하를 불러 놓고 몇 가지 유언을 남겼습니다.

"영윤은 잘 듣거라. 궁궐에는 관소(管蘇)란 신하가 있는데 항상 과인에게 간언을 올리고 이러면 안 되느니 저러면 안 되느니 하고 자주 나를 괴롭히는 자였다. 과인은 관소를 만나면 기분이 나빴고 자주 만나고 싶지도 않았느니라. 이 자의 이름을 잘 적어 두도록 하라."

공왕은 계속해서 힘겨운 듯 말을 이어갔습니다.

"궁궐에는 또 신후백(申侯伯)이란 신하가 있는데, 항상 내 의사를 따랐고 내가 뭘 좋아하면 그걸 내게 얻어주기 위해 노력하는 자였느니라.

또 내가 하는 일은 전부 옳다고 하였다. 과인은 그 자와 함께 있으면 마음이 편안하였고, 며칠이고 안 보면 보고 싶어지는 자였느니라. 이 자의 이름도 잘 적어 두도록 하라."

얘기를 듣던 영윤은 두 사람의 이름을 적어 두라는 이유를 물었습니다. 공왕은, "과인은 며칠 동안 곰곰히 생각해 보았느니라. 나는 평소에 관소의 간언을 잘 받아들이지 않았다. 하지만 내가 죽은 뒤에는 그를 높은 벼슬자리에 올려주어 나라의 큰 일을 맡기도록 하여라. 신후백은 평소에 내 뜻에 잘 따라 주었고 과인이 잘못을 저질러도 대신 수습해 준 경우가 많았다. 하지만 내가 죽은 뒤 이 자는 궁궐에 남겨 두어선 안 된다. 멀리 내쫓도록 하여라."

이 얘기를 듣던 영윤은 '새가 죽으려 하면(鳥之將死) 그 울음소리가 슬프고(其鳴也哀), 사람이 죽으려 하면(人之將死) 그 말이 선하다(其言也善)'는 논어(論語)의 교훈을 떠올렸습니다. 처음부터 끝까지 나쁜 사람도, 처음부터 끝까지 착한 사람도 없다는 생각을 해 보면, 죽을 때가 다가온 사람이 선해진다는 사실은 어쩌면 당연한 진리인지도 모르겠습니다. 하루하루를 삶의 마지막 날이라 생각하고 선하게 산다면, 우리는 삶 전체를 선하게 할 수 있지 않을까요.〔출처:《論語·泰伯》(논어·태백)〕

〈한자풀이〉
鳥(조): 새. 之(지): ~이, ~가.
將(장): 장차(미래의 시제를 나타내는 부사). 死(사): 죽다.
其(기): 그(대사). 鳴(명): 울다. 也(야): 어조사. 哀(애): 슬프다.
人(인): 사람. 言(언): 말, 말씀. 善(선): 착하다.

集

한 집: 모이다(gather). 모으다(collect)
중 jí(지)
일 シュウ (슈-)

모일 집

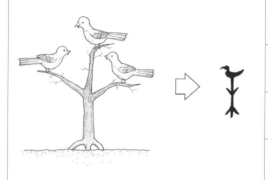

자형은 '隹'(추)와 '木'(목)으로 되어 있다. 갑골문의 자형에는 새 한 마리가 나무 위에 앉아 있는 것(🐦)과 나무 위로 날아와서 쉬려는 것(🐦)이 있으나,「새 여러 마리가 모여든다」는 뜻은 분명하지 않았다. 그러나 금문에 와서 나무 위에 여러 마리 새가 앉아 있는 모습 '🐦'으로「모이다」,「모으다」는 뜻을 더욱 분명하게 나타내고 있다("集; 群鳥在木上"). 본래의 뜻은 '모이다', '모으다' 이다.

응용 : 集大成 집대성, 集産地 집산지, 集中 집중, 集合 집합, 集注 집주, 集解 집해, 集會 집회, 募集 모집, 收集 수집, 蒐集 수집, 全集 전집, 雲集 운집, 文集 문집, 召集 소집, 集賢殿 집현전, 集思廣議 집사광의, 集矢之的 집시지적.

새
集
나무

쓰는 순서 亻 亻 亻 亻 亻 隹 隹 隼 集 集 12획

180

雙

한 쌍: 쌍(twin). 짝(pair)
중 shuāng(슈앙)(双)
일 ソウ(소-)

짝 쌍

지금의 자형은 '隹' + '隹' + '又'(手)로 되어 있다. '손'으로 '두 마리 새'를 잡고 있는 모습으로(以手擒二鳥), 본래의 뜻은 「둘」, 「쌍」이다. 그러나 초기 금문의 자형 가운데에는 '🐦🐦'·'🐦🐦'처럼 '손'(又)은 없고 '새'(隹) 두 마리가 서로 마주보고 있는 모습으로써 「짝」, 「상대」란 뜻을 나타낸 것도 있다. 이것이 본래의 뜻이다. 현재 중국에서는 간체자로 '双'으로 쓴다.

응용 : 雙童 쌍동, 雙方 쌍방, 雙葉 쌍엽, 雙手 쌍수, 雙親 쌍친, 無雙 무쌍, 一雙 일쌍, 天下無雙 천하무쌍, 忠孝雙全 충효쌍전, 一擧雙擒 일거쌍금, 擧雙手贊成 거쌍수찬성.

두 마리 새
雙
손

쓰는순서 亻 亻 亻 隹 隹 雔 雙 雙   18획

143

羽

한	우: 깃(feather)
중	yǔ(위)
일	ウ(우)

깃 우

갑골문 자형 '羽'는 새의 날개에 나 있는 긴 「깃털」 두 개를 나란히 세워 놓은 모습으로, 본래의 뜻은 「깃털」 또는 「날개」이다. 후에 와서는 새뿐만 아니라 곤충 등의 날개도 가리키게 되었다. 흔히 「깃털」을 '羽毛'(우모)라고 하는데, 엄격히 구별하자면 '羽'는 새의 깃털을, '毛'는 짐승의 털을 가리킨다. 「새」라는 뜻으로 쓰기도 한다.

응용 : ① 翅 시. 翔 상. 翊 익. 習 습. 翟 적. ② 羽毛 우모. 羽翼 우익. 羽化登仙 우화등선. 羽人 우인. 鉤金輿羽 구금여우. 積羽沈舟. 群輕折軸 적우침주. 군경절축.

날개 깃

羽

 쓰는순서 ㄱ ㄱ ㄱ 豕 羽 羽   6획

182

習

한	습: 익히다(exercise)
중	xí(시)
일	シュウ(슈-)

익힐 습

갑골문 자형 '習'은 '羽'와 '日'(일:해)로 되어 있다. 여기에서 '羽'는 새의 날개를 나타내고 있다. 본래의 뜻은 '새가 밝은 낮 동안에 날기 위해 날개짓을 한다'이다. 날개짓은 반복해서 하는 것이기 때문에 '반복하다', '익히다', '연습하다' 등의 뜻이 생겼다. 소전 이후 '日'이 '白'으로 잘못 변함으로써 '날개짓을 백(白=百:여러 번, 많이) 번 한다'는 식의 해석도 있게 되었다.(예: 주자(朱子)의 논어 주석)

날개 깃

習

해·낮(日)

응용 : 練習 연습, 學習 학습, 豫習 예습, 復習 복습, 習慣 습관, 習性 습성, 風習 풍습, 習如自然 습여자연, 百里異習 백리이습, 學而時習之 학이시습지, 性相近, 習相遠 성상근, 습상원.

쓰는 순서　ㄱ ㅋ 키 ㅋ기 ㅋㅋ ㅋㅋ 쀡 쀡 習　11획

毛

한 모: 털(hair, down)
중 máo(마오)
일 モウ(모-)

털 모

🢂 ꗠ

ꗠ
ꝑ
毛

금문의 자형 'ꗠ'는 가는 「새 털」 모양으로, 본래의 뜻은 수염, 눈썹, 머리카락 등 사람의 몸에 나는 털과 짐승의 가죽에 붙어 있는 털을 가리킨다. 흔히 '모피' (毛皮)란 말을 쓰는데, 짐승의 가죽을 벗긴 후 아직 '毛'(털)를 제거하지 않은 것은 '皮'(피: 생가죽), '皮'를 가공해서 부드럽게 한 것이 '革'(혁: 가죽)이라 한다. '풀'은 땅 위에 솟아 있는 '대지(大地)의 털'이라 볼 수도 있다. 그래서 '풀'(艸)을 가리키기도 한다.

응용 : 毛皮 모피, 毛髮 모발, 純毛 순모, 羊毛 양모, 毛孔 모공, 九牛一毛 구우일모, 不毛地 불모지, 吹毛求疵 취모구자, 泰山鴻毛 태산홍모, 人貧志短, 馬瘦毛長 인빈지단, 마수모장, 皮之不存, 毛將焉附 피지부존, 모장언부.

털 모

毛

쓰는순서 ノ 二 三 毛   4획

蟲
蟲

한 충: 벌레(worm). 곤충(insect)
중 chóng (총) (虫)   일 チュウ(츄-)

벌레 충

자형은 '虫'(충)이 세 개 겹쳐 있는 모습이다. 그러나 갑골문 자형 ' ⌇ · ⌇ · ⌇ ' 등은 큰 '머리'와 '몸'과 가는 '꼬리'가 특징인 한 마리 뱀의 모습이다. 머리에 두 개의 눈이 있는 지형도 있다(⌇). 본래의 뜻은 「뱀」, 특히 「독사」였다. 그러나 후에 와서는 세 마리 벌레의 모습, 즉 '蟲'으로 「벌레」와 「곤충」, 그리고 「동물」 일반까지 가리키게 되었다. 부수자로 쓸 때와 간체자는 '虫'으로 쓴다.

응용 : 害蟲 해충. 昆蟲 곤충. 幼蟲 유충. 食蟲 식충. 羽蟲 우충. 毛蟲 모충. 甲蟲 갑충. 寄生蟲 기생충. 彫蟲小技 조충소기. 夏蟲不可語氷 하충불가어빙. 百足之蟲. 至死不彊 백족지충. 지사불강. 物必先腐而後蟲生之 물필선부이후충생지.

벌레
|
蟲

쓰는
순서   口 中 虫 虫 蛊 串 蟲 蟲   18획

魚

한	어: 물고기(fish)
중	yú(위)(鱼)
일	ギョ(교)

고기 어

 ⇒

갑골문과 금문의 자형 '魚', '魚' 등은 물고기의 머리, 지느러미, 비늘, 꼬리까지 생생하게 잘 나타나 있는 상형자이다. 그런데 지느러미 부분이 '灬 → 灬 → 灬 → 魚'처럼 변하는 바람에 '제비'(燕)의 꼬리나, '말'(馬)과 '새'(鳥)의 네 발 모습과 같은 부분이 있게 되었다. 본래의 뜻은 「물고기」(명사)이지만, 「고기를 잡다」(동사)는 뜻으로도 쓴다(예:魚網=漁網 어망, 魚船=漁船 어선). 간체자는 '鱼'로 쓴다.

입

魚

꼬리

응용 : 魚物 어물, 魚市場 어시장, 魚族 어족, 乾魚 건어, 大魚 대어, 養魚 양어, 人魚 인어, 香魚 향어, 臨淵羨魚 임연선어, 水至淸則無魚 수지청즉무어, 緣木求魚 연목구어, 呑舟之魚失水則制於 螻蟻 탄주지어실수즉제어루의.

쓰는순서 丿 クク 各 各 角 魚 魚 魚　11획

148

漁

한	어: 고기잡다(fishing)
중	yú(위)

일 ギョ(교)・リョウ(료-)

고기잡을 어

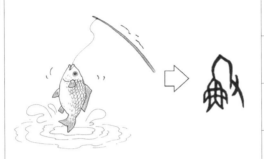

갑골문의 자형은 '물'(͵ʹ͵) 또는 '냇물'(ʹ⁄ʹʹ) 속에 물고기(魚)가 놀고 있는 모습인데, 본래의 뜻은 「물고기를 잡다」이다. 「물고기」가 한 마리 있는 것(魚), 두 마리에서 네 마리까지 있는 것(魚魚魚) 등 다양하다. 물고기를 잡는 방식도 '손'(⟨)으로 잡는 것(漁), '그물'(⊠)로 잡는 것(魚), '낚시'로 잡는 것(魚) 등이 있는데, 모두 '漁'의 본래 자형으로, 「물고기를 잡는다」는 뜻을 나타낸다.

응용 : 漁業 어업, 漁父 어부, 漁船 어선, 漁網 어망, 漁港 어항, 出漁 출어, 豊漁 풍어, 凶漁 흉어, 鷸蚌相爭, 漁翁得利 휼방상쟁, 어옹득리, 涸澤而漁, 焚林而獵 학택이어, 분림이렵.

물
漁
물고기

쓰는순서 ⟋ ⟋⟍ ⟋⟍ ⟋⟍ 治 治 漁 漁 漁   14획

龜

| 한 | ① 귀(구): 거북(tortoise). ② 균:갈라지다(crevice) |
| 중 | guī(꾸이)(龟)　　일 | キ(키) |

거북 귀
틀 균

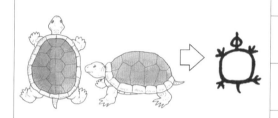

갑골문의 자형은 거북을 옆에서 본 모습( )과 위에서 본 모습( ) 두 종류가 있는데, 모두 거북의 머리, 다리, 꼬리, 그리고 등껍질(甲)이 생생하게 나타나 있는 상형자이다. 금문에서는 위에서 본 모습만 있고, 소전 이후에는 옆에서 본 모습만 있다. 고대에는 거북의 껍질로 점을 쳤는데, 점을 친 결과를 거북 껍질에 새겨 놓은 것이 갑골문자(甲骨文字)이다. 거북 등처럼 「갈라지다」는 뜻을 나타낼 때는 「균」이라 읽는다. 간체자는 ‘龟’으로 쓴다.

응용 : 龜甲 귀갑. 龜毛兎角 귀모토각. 龜文 귀문. 龜鑑 귀감. 龜裂 균열. 龜鶴之壽 구학지수. 龜龍麟鳳 구룡린봉.

입 눈 등 발 꼬리

| 쓰는 순서 | 乀 乑 乲 龟 龟 龜 龜 | 18획 |

188

150

龍

한 룡: 용(dragon)

중 lóng(롱 : 龙)

일 リュウ(류一)

용 룡

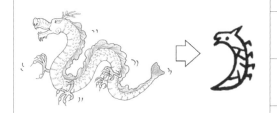

용은 고대 중국인들의 상상 속의 신비의 동물이다. 그들은 용이 검은 구름을 타고 다니면서 「비」를 뿌린다고 생각했다. 최초의 자형 '几'은 뱀처럼 생긴 몸에 큰 입이 있는 모습으로, 하늘에서 큰 입을 아래로 향해 벌리고 내뿜는 물이 곧 「비」라고 생각했다. 후에 전설이 많이 생겨나면서 몸에 뿔도 생기고 발톱, 비늘, 갈기 등도 생겨났다. 자형의 변화과정은 다음과 같다. '几→龍→龍→龍→龍→龙.

머리 뿔
등
비늘
꼬리
龍
입

응용 : 龍宮 용궁, 龍王 용왕, 龍顔 용안, 登龍門 등용문, 青龍 청룡, 臥龍 와룡, 龍頭蛇尾 용두사미, 龍虎相搏 용호상박, 畵龍點睛 화룡점정, 蛇化爲龍, 不變其文 사화위룡, 불변기문, 上山捉虎, 下海擒龍 상산착호, 하해금룡.

쓰는 순서 ` 亠 亠 亨 亨 亨 龍 龍   17획

189

漁父之利(어부지리: 위 푸 즈 리)

이런 이야기가 있습니다.

어느 바닷가에 조개 하나가 살고 있었습니다.

어느 따뜻한 날 이 조개는 조가비를 벌리고 햇빛을 쬐고 있었습니다. 그때 마침 어디선가 도요새가 한 마리 날아왔습니다. 도요새는 불쑥 조가비 속으로 부리를 넣어 조개를 잡아먹으려 했습니다.

그 순간 조개는 재빨리 조가비를 다물어 도요새의 부리를 옴짝달싹 못 하게 만들었습니다. 도요새는 부리를 빼내려고 안간힘을 썼고, 조개는 조가비를 더욱 조여 들면서 서로 싸웠습니다. 도요새가 말했습니다.

"오늘도 내일도 비가 안 오면, 너는 여기서 꼼짝도 못하고 말라 죽을 걸!"

"오늘도 내일도 내가 널 놓아주지 않으면, 너도 같이 죽을 걸!"

둘이서 이렇게 필사적으로 싸우는 동안 어부가 다가왔습니다. 둘은 이렇게 계속 실랑이를 하느라 정신이 없어서 어부가 다가오는 것도 몰랐습니다.

어부는 덕분에 식은 죽 먹기로 도요새와 조개를 한꺼번에 잡을 수 있었답니다.

이처럼 어부지리(漁父之利)는 양쪽(조개와 도요새)이 다투느라 정신이 없는 틈을 타서 제삼자(어부)가 이익을 얻게 되는 경우를 뜻하는 성어입니다. 漁翁得利(어옹득리), 漁翁之利(어옹지리)라고도 하는데, "휼방상쟁, 어옹득리"(鷸蚌相爭, 漁翁得利:도요새와 조개가 서로 싸움에 어부가 이익을 얻다)가 원문입니다.〔출처:《戰國策·燕策二)》(전국책·연책이)〕

〈한자풀이〉
漁(어):낚다. 父(부):아버지, 남자. 之(지):~의. 利(리):이익.

191

151

力

한	력: 힘(force)
중	lì(리)
일	リョク(료쿠)·リキ(리키)

힘 력

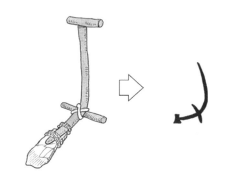

갑골문 자형 '⺃'은, 나무 끝을 뾰족하게 만들거나 뾰족한 돌을 매단 다음 밑부분에 횡목(橫木)을 묶어 그것을 발로 밟아 땅을 파서 뒤집는 데 썼던 원시적인 형태의 「쟁기」이다. 이것이 후에 '⻖' 모양의 쇠스랑 형태로 발전했다가 다시 지금의 자형처럼 되었다. 이 것으로 밭을 갈려면 「힘」이 있어야 한다. 그래서 「힘」 이란 뜻을 갖게 되었다. 한편 '力'은 본래 '손과 팔'의 모습을 나타낸 것이란 설도 있다.

자루 ─ 力 ─ 쟁기

응용 : 人力 인력, 自力 자력, 全力 전력, 學力 학력, 水力 수력, 火力 화력, 有力 유력, 能力 능력, 協力 협력, 武力 무력, 彈力 탄력, 力說 역설, 力行 역행, 量力而行 양력이행, 同心合力 동심합력, 心有餘而力不足 심유여이역부족.

쓰는 순서 フ 力 2획

田

한 전: 밭(farm)
중 tián(티엔) 일 デン(덴)

밭 전

자형은 밭뚝이 서로 이어져 있는 여러 뙈기의 밭 모양이다. 갑골문의 자형에는 '田', '田', '田', '田' 등이 있다. 본래의 뜻은 농사를 짓는「밭」이다. '田' 에는「사냥하다」란 뜻도 있는데, 그 이유는, 옛날에는 숲에 불을 질러 사냥을 하고, 후에 그곳을 밭으로 개간하였으며, 또 짐승들이 농작물을 해치는 것을 막기 위하여 들판에서 적극적으로 사냥을 하였기 때문이다.

응용 : 田野 전야. 田地 전지. 田園 전원. 耕田 경전. 丹田 단전. 私田 사전. 公田 공전. 火田民 화전민. 油田 유전. 炭田 탄전. 鹽田 염전. 桑田碧海 상전벽해. 耕者有田 경자유전. 瓜田不納履. 李下不整冠 과전불납리. 이하부정관.

밭뙈기

田

밭 뚝

쓰는 순서 ㅣ 冂 冂 田 田　5획

男

한 남: 남자. 사내
중 nán(난)　反 女(여)　일 ダン(단)・ナン(난)

사내 남

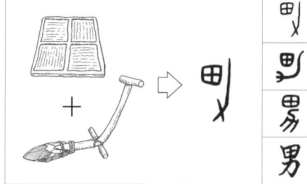

자형은 '밭'(田)과 '쟁기'(力)로 이루어져 있다. 갑골문에서는 이것이 좌우로 결합되어 있으나(畊), 금문 이후에는 상하로 놓여졌다(畊→男). 본래의 뜻은 「쟁기로 밭을 갈다」이다. 수렵시대에서 농경시대로 들어온 이후, 밭을 가는 등의 힘든 농사일은 주로 남자들이 맡아서 했다. 그래서 '男'이 '여자'(女)의 반대인 「남자」를 뜻하게 되었다. 후에 와서 「아들」(子)이란 뜻으로도 쓰였다. 한편 '男'은 '밭(田)'과 농부의 '손과 팔'을 나타낸 것이란 설도 있다.

응용 : 男性 남성. 男女 남녀. 男兒 남아. 男子 남자. 美男 미남. 長男 장남. 次男 차남. 男妹 남매. 男裝 남장. 善男善女 선남선녀. 男耕女織 남경여직. 男室女家 남실여가. 飮食男女 음식남녀. 男大當婚. 女大當嫁 남대당혼, 여대당가.

밭
男
쟁기

쓰는 순서 丨 冂 日 田 田 罒 男　7획

苗

한 묘: 싹(seedling). 자손(offspring)
중 miáo(미아오)　일 ビョウ(뵤-)·ミョウ(묘-)

싹 묘

자형은 '밭'(田)과 '풀'(艸→艹)로 되어 있다. 금문의 자형 '⿰' 는 밭에서 농작물의 싹이 자라고 있는 모습으로, 본래의 뜻은 「싹」, 「모」이다. 식물의 경우에는 씨앗에서 「싹」이 돋으니 생명을 이어 가지만, 동물의 경우에는 「새끼」를 낳아서 생명을 이어간다. 그래서 동물의 「새끼」를 식물의 싹에 비유해서 「후손」, 「자손」이란 뜻을 갖게 되었다. 苗裔(묘예)는 '먼 후손'이란 뜻이다.

응용 : 苗木 묘목, 苗板 묘판, 苗圃 묘포, 苗裔 묘예, 苗床 묘상, 禾苗 화묘, 苗而不秀 묘이불수, 拔苗助長 발묘조장, 旱苗得雨 한묘득우, 繁物各自有根本. 種瓜終不得豆苗 번물각자유근본, 종과종부득두묘.

농작물

苗
└밭

쓰는순서　亅　艹　艹　艹　艹　苎　苗　苗　苗　9획

里

한	리: 마을(village)
중	lǐ(리)
일	リ(리)

마을 리

자형은 위에는 '田'(전)이, 아래에는 '土'(토: 흙)가 있는 모습의 회의자(會意字)이다. '田'은 곧 밭으로, 삶을 위한 '생산의 근거'가 '농사'임을 나타내고 있다. '土'는 곧 땅으로, 나무 위나 굴 속에서 살던 원시 생활로부터 땅 위에 집을 짓고 집단을 이루어 살아가는 '농경사회'로 옮겨왔음을 나타내고 있다. 본래의 뜻은 「사람들이 모여 사는 곳」, 즉 「마을」, 「촌락」이다. 거리의 단위로도 쓴다(10里는 약 4㎞).

응용 : 鄕里 향리, 村里 촌리, 同里 동리, 故里 고리, 千里馬 천리마, 里程標 이정표, 萬里長城 만리장성, 五里霧中 오리무중, 一瀉千里 일사천리, 千里之行, 始於足下 천리지행, 시어족하, 千里之堤, 潰於蟻穴 천리지제, 궤어의혈.

밭

里

흙

쓰는 순서　 丶 口 口 日 旦 甲 里　7획

禾

한	화: 벼·곡식(grain)
중	hé(허)
일	カ(카)

벼 화

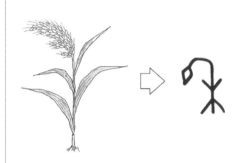

갑골문 자형 '𣎴·𣎴' 등은 잘 익은 벼 이삭이 고개를 숙이고 있는 모습으로, 자형의 윗부분은 이삭과 잎을, 아랫부분은 줄기와 뿌리를 나타낸다. 본래의 뜻은 「곡식」이다. 밭농사를 위주로 하는 북방에서는 조, 수수 등을 가리켰고, 논농사를 위주로 하는 남방지역에서는 「벼」(稻)라는 뜻으로 썼다. '禾'의 열매가 '粟'(속:조)이나 '稻'(도:벼)이고, 그것의 껍질을 벗긴 것이 '米'(미:쌀)이다. '禾'는 부수자나 자소(字素)로 쓰어서 곡물 및 곡물농사와 관련된 뜻을 나타낸다.

응용 : ① 秀 수:이삭, 秧 앙:모, 稅 세:세금, 種 종:씨, 稼 가:심다, 稷 직:기장, 稻 도:벼, 積 적:쌓다. ② 禾黍 화서, 禾穀 화곡, 禾穗 화수, 嘉禾 가화, 晩禾 만화.

이삭

벼

쓰는순서 ノ 二 千 禾 禾   5획

利

이로울 리

한 리: 이롭다(favourable). 이익(benefit)
중 lì(리)　反 害(해)　일 リ(리)

자형은 '禾'(화)와 '刂'(도:칼)로 이루어진 회의자이다. 익은 「벼」를 「낫」으로 베는 모습으로, 본래의 뜻은 「날카롭다」(銳利)이다. 상고시대에는 곡식을 맨손으로 수확했다. 그러다가 '날카로운' 돌이나 조개껍질로 만든 '낫'을 써서 베어보니 쉽게 베어지고, 힘도 덜 들고, 작업 속도도 빨라져서 짧은 시간에 많이 수확할 수 있었다. 이로부터 「빠르다」, 「이익」, 「이윤」, 「이롭게 하다」 등의 뜻도 생겼다.

응용 : 銳利 예리, 利他心 이타심, 利用 이용, 利子 이자, 利害 이해, 不利 불리, 有利 유리, 水利 수리, 私利 사리, 薄利多賣 박리다매, 工欲善其事, 必先利其器 공욕선기사, 필선리기기, 名不與利期而利歸之 명불여리기이리귀지.

벼 → ← 칼

쓰는순서 ノ ニ 千 禾 禾 利 利　　7획

秋

한	추: 가을 (autumn)
중	qiū(치우)
일	シュウ(슈-)

가을 추

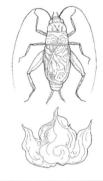

지금의 자형은 '禾'와 '火'로 되어 있어서 벼(禾)가 불타듯 누렇게 익는(火) 계절이나 단풍이 붉게 물드는 계절을 나타낸 문자인 듯이 보인다. 그러나 자형의 변화과정을 소급해보면 '秋→炡→縛·糹 → 龜·龜·龜' 등으로, 갑골문의 자형은 가을에 우는 한 마리 귀뚜라미의 모습으로, 본래의 뜻은 「가을」이다. 후에 와서 「귀뚜라미」의 모습 대신에 가을의 상징인 잘 익은(火) 벼(禾)의 모습으로 「수확의 계절」임을 나타냈다. '때', '세월'이란 뜻도 있다.

응용 : 秋分 추분, 秋夕 추석, 秋收 추수, 秋波 추파, 秋毫 추호, 秋霜 추상, 晚秋 만추, 立秋 입추, 春秋 춘추, 千秋 천추, 秋風落葉 추풍낙엽, 危急存亡之秋 위급존망지추, 春生秋殺 춘생추살, 叢山欲靑, 秋風敗之 총산욕청, 추풍패지.

벼(禾)

불(火:익다·단풍)

쓰는 순서 ノ 二 千 禾 禾 禾 秒 秋 秋   9획

米

한	미: 쌀(rice)
중	mǐ(미)
일	ベイ(베이) · マイ(마이)

쌀 미

갑골문과 금문의 자형 '⼞'는 곡식 '열매'(⼞)를 돌이나 절구로 찧은 후 '채'(一)로 쳐서 속 알맹이와 껍질을 분리시키고 있는 모습이다. 소전 이후 가운데 점들이 상하로 연결되어 채와 함께 '十'자 모양을 이루면서 본래의 모습을 찾아보기 어렵게 되었다. 본래의 뜻은 껍질을 벗긴 「곡물의 알맹이」로, 「조」나 「수수」의 경우에도 '米'라고 하였으나, 후에는 주로 「벼」의 알맹이인 '쌀'을 가리키게 되었다.

응용 : 白米 백미, 玄米 현미, 精米 정미, 稅米 세미, 粟米 속미, 祿米 녹미, 米穀 미곡, 米商 미상, 米壽 미수, 無米之炊 무미지취, 巧婦難爲無米之炊 교부난위무미지취, 滴水成河, 粒米成蘿 적수성하, 입미성라. *蘿 라:소쿠리

쌀알 ─ 米 ─ 채
쌀겨

쓰는 순서 　`丶 丷 ⺌ 半 米 米 　6획

料

160

한	료: 헤아리다(count)
중	liào(리아오)
일	リョウ(료-)

헤아릴 료

자형은 '米'와 '斗'(두:말)로 되어 있다. '斗'는 본래 술이나 국을 푸는 긴 자루가 달린 국자였으나, 후에는 주로 용량을 재는 기구 및 단위의 이름으로 쓴다. 본래의 뜻은 「되(升)나 말(斗)로써 쌀(米)을 되다」이다. 「헤아리다」, 「짐작하다」 등의 뜻은 이로부터 생겼다. 쌀(米)을 되나 말로 되는 것은 음식 재료를 장만하거나, 저장하거나, 판매하기 위해서이다. 이로부터 「재료」, 「거리」, 「녹」(祿) 등의 뜻도 생겼다(*斗 두 참고).

응용 : 料量 요량, 料理 요리, 原料 원료, 材料 재료, 史料 사료, 肥料 비료, 有料 유료, 無料 무료, 給料 급료, 思料 사료, 料事如神 요사여신, 意料之外 의료지외, 果如所料 과여소료.

쌀 되

쓰는순서 ` ` 斗 斗 斗 米 米-料 10획

201

桑田碧海(상전벽해: 쌍 티엔 삐 하이)

이 성어는 전설에서 비롯되었습니다.

옛날 세 노인이 한 자리에 모여 서로 나이를 물었습니다.

첫 번째 노인은 자기가 소년이었을 때 이 세상은 생겨난 지 얼마 되지 않은 상태로 하늘과 땅이 뒤섞인 채 아직 나뉘지 않았다고 했습니다.

두 번째 노인은 지구의 지형이 변하여 푸른 바다가 뽕나무 밭이 되는

걸 목격할 때마다 나뭇가지를 모아 기록을 해 두었는데, 자기가 모은 나 뭇가지가 방 열 칸에 가득 찼다고 말했습니다.

　세 번째 노인은 자기 스승이 삼천 년마다 열매가 하나씩 열리는 복숭 아를 따 먹고 그 씨를 곤륜산 아래에 버렸는데, 지금 그 복숭아씨가 벌써 곤륜산 높이 만큼 쌓였다고 말했습니다.

　두 번째 노인의 말에서 나온 전설 같은 이야기 상전벽해(桑田碧海)는 세상이 아주 많이 변했을 정도로 긴 세월이 흘렀음을 비유하는 성어입니 다.〔출처:《史記·淮陰侯列傳》(사기·회음후열전)〕

〈한자풀이〉

桑(상):뽕나무.　田(전):밭.　碧(벽):푸른 색.　海(해):바다.

203

瓜

한	과: 오이(melon)
중	guā(꾸아)
일	カ(카)

오이 과

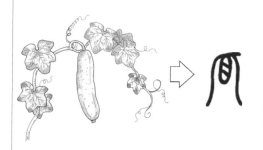

금문과 소전의 자형 '冎', '瓜'는 덩굴에 둥글고 긴 열매가 달려 있는 모습이다. 본래의 뜻은 오이, 수박, 참외, 호박 등 덩굴식물의 「열매」이다. 중국에서는 수박은 西瓜(시꾸아), 호박은 南瓜(난꾸아), 오이는 胡瓜(후구아), 참외는 香瓜(샹꾸아)라고 한다. 덩굴이 아니라 나무(木)에 열리는 과일은 '果'(과)라고 하는데, '모과'만은 (모과)나무에 열리는 것인데도 '木瓜'(모과:무꾸아)라고 한다.

응용 : 瓜果 과과, 瓜田 과전, 木瓜 모과, 西瓜 서과, 南瓜 남과, 胡瓜 호과, 香瓜 향과, 甘瓜 감과, 種瓜得瓜, 種豆得豆 종과득과, 종두득두, 瓜田不納履, 李下不整冠 과전불납리, 이하부정관, 種瓜終不生豆苗 종과종불생두묘.

덩굴

열매

쓰는순서 ノ 厂 瓜 瓜 瓜   5획

麻

한 마: 삼(hemp)
중 má(마)
일 マ(마)

삼 마

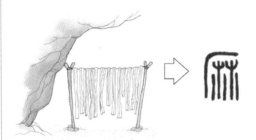

금문의 자형 '麻'는 '厂'(또는 '广') 아래에 두 개의 '朮'가 있는 모양이다. '广'(엄) 또는 '厂'(한)은 집이나 낭떠러지를, '朮'는 삼의 껍질을 가리킨다('木' 목자와는 다르다). 처마나 낭떠러지 밑의 그늘에서 삼 껍질을 말리고 있는 모습으로, 본래의 뜻은 「삼」이다. 그리고 '枲'(시:모시풀)나 '苧'(저:모시풀)처럼 그 껍질에서 섬유를 얻는 것을 통틀어 '麻'라고 부르기도 한다.

응용 : 大麻 대마, 亞麻 아마, 苧麻 저마, 黃麻 황마, 麻絲 마사, 麻布 마포, 快刀斬亂麻 쾌도참란마, 麻雀雖小, 肝膽俱全 마작수소, 간담구전, 蓬生麻中, 不扶而直 봉생마중, 불부이직

절벽. 처마

삼 껍질

쓰는 순서　 ＼ 亠 广 广 庁 庁 庁 床 床 麻 麻　11획

205

| 한 | 두: 말(measurement of capacity) |
| 중 | dǒu(도우)　　　일 ト(토) |

말 두

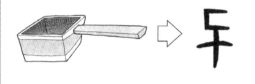

고문의 자형은 긴 자루가 달린 국자 모양인데, 큰 항아리에서 술을 퍼서 주전자 같은 그릇에 담을 때 썼던 기구이다. 「시경」에 "북쪽에 斗가 있으나, 술과 국을 뜰 수 없네"(維北有斗, 不可以 挹酒漿)라고 한 것이 좋은 증거이다(*여기서 '斗'는 본래는 국자 모양으로 생긴 북두칠성을 가리킴). 후에 와서 곡식 등을 재는 부피의 단위 「말」을 뜻하게 되었는데, 한 말(斗)은 열 되(升)에 해당한다. '북두칠성'을 가리키기도 한다.

응용 : 斗酒 두주, 斗量 두량, 斗升 두승, 斗食 두식, 斗星 두성, 北斗七星 북두칠성, 膽大如斗 담대여두, 泰山北斗 태산북두, 學界泰斗 학계태두, 人不可貌相, 海水不可斗量 인불가모상, 해수불가두량.

되 손잡이

쓰는 순서　丶 冫 亠 斗　　4획

206

한 도: 칼(knife)

중 dāo(따오)

일 ㅏㅜ(토-)

칼 도

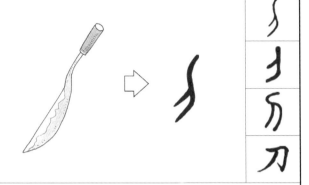

아주 옛날의 칼(刀)은 돌 조각을 한 쪽은 날카롭게 하고 다른 쪽은 두껍게 만든 농기구였다. 그것을 무기로 쓰게 된 것은 후의 일이다. 구리(銅)로 만든 고대의 칼은 '刀'. '刀' 모양인데, 위쪽은 칼자루(柄), 아래쪽은 칼(刀)이다. 본래의 뜻은 「칼」이다. '刀'가 부수자로 자(字)의 오른쪽이나 가운데 올 때는 '刂'로 쓰고(예:刻 각, 削 삭, 辨 변 등), 아래에 올 때는 '刀'로 쓴다(예:剪 전 등).

응용 : 刀工 도공, 刀柄 도병, 刀身 도신, 刀刃 도인, 短刀 단도, 軍刀 군도, 快刀 쾌도, 食刀 식도, 竹刀 죽도, 寶刀 보도, 一刀兩斷 일도양단, 賣刀買牛 매도매우, 快刀斬亂麻 쾌도참란마, 殺鷄焉用牛刀 살계언용우도.

칼자루

칼날　칼등

쓰는 순서 　ㄱ 刀　2획

刃

한 인: 칼날(blade)
중 rèn(런)　　　　　　일 ジン(진)

칼날 인

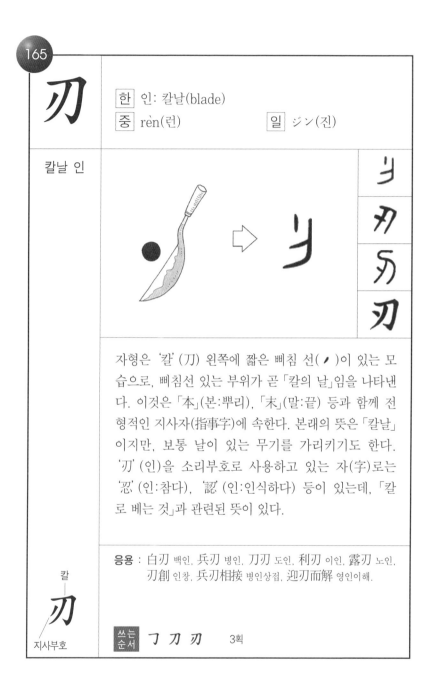

자형은 '칼'(刀) 왼쪽에 짧은 삐침 선(丿)이 있는 모습으로, 삐침선 있는 부위가 곧 「칼의 날」임을 나타낸다. 이것은 「本」(본:뿌리), 「末」(말:끝) 등과 함께 전형적인 지사자(指事字)에 속한다. 본래의 뜻은 「칼날」이지만, 보통 날이 있는 무기를 가리키기도 한다. '刃'(인)을 소리부호로 사용하고 있는 자(字)로는 '忍'(인:참다), '認'(인:인식하다) 등이 있는데, 「칼로 베는 것」과 관련된 뜻이 있다.

응용 : 白刃 백인. 兵刃 병인. 刀刃 도인. 利刃 이인. 露刃 노인. 刃創 인창. 兵刃相接 병인상접. 迎刃而解 영인이해.

칼
刃
지사부호

쓰는 순서 ㄱ 刀 刃　3획

208

斤

한	근: 도끼(ax). 자귀(adze)		
중	jīn(찐)	일	キン(킨)

도끼 근

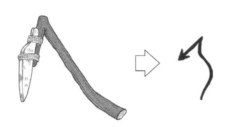

갑골문 자형 '⅂'은 나무를 자르거나 다듬는 데 쓰는 돌도끼의 모습이다. 본래의 뜻은 「도끼」또는 「자귀」이다. 자형의 왼쪽에 있는 '⅂'(→斤)은 돌로 만든 '날'을 나타내고, '⅂'(→斤)은 나무로 된 '굽은 자루'를 나타낸다. 흔히 '斧斤'(부근)이라고 하여 '斧'와 '斤'을 같은 뜻으로 사용하나, 엄격히 구분하자면 '斧'는 도끼를, '斤'은 그 날이 곡괭이처럼 가로(橫)로 나 있는 자귀를 가리킨다. 지금은 주로 무게의 단위로 쓴다. 한 근은 600g이나.

응용 : 斧斤 부근, 斤兩 근량, 半斤 반근, 斤量 근량, 千斤大牛 천근대우, 弄斤操斧 농근조부.

도끼날

도끼 자루

쓰는 순서 ′ ⺁ ⺁ 斤   4획

折

167

한	절: 꺾다(break off)		
중	zhé(저)	일	セツ(세츠)

꺾을 절

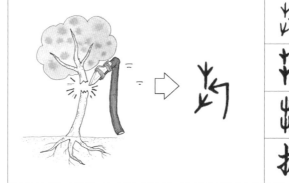

지금의 자형은 '扌'(손수 변)과 '斤'으로 되어 있지만, 갑골문의 자형 '抍'은 왼쪽에 나무(朮)가 중간에서 끊어져 있고, 오른쪽에 '斤'(斤)이 있는 모습이다. 이것은 도끼로 나무를 자르는 모습으로, 본래의 뜻은 「꺾다」, 「자르다」이다. 잘라진 나무(朮)의 모양이 후에 '朮 → 朮 → 朮 → 扌→ 扌'로 잘못 변하였다. 「굽히다」는 뜻도 이로부터 생겼다. 중국에서는 「값을 깎다」(discount)는 뜻으로도 쓴다(예:折扣 절구).

응용 : 屈折 굴절. 曲折 곡절. 羊腸九折 양장구절. 百折不屈 백절불굴. 夭折 요절. 挫折 좌절. 骨折傷 골절상. 折半 절반. 折衷 절충. 積羽沈舟, 群輕折軸 적우침주, 군경절축. 三折肱而成良醫 삼절굉이성양의.

나무(木)

도끼

쓰는 순서　一 十 扌 扌 扩 折 折　7획

210

析

한	석: 쪼개다 · 가르다(split)
중	xī(시)
일	セキ(세키)

쪼갤 석

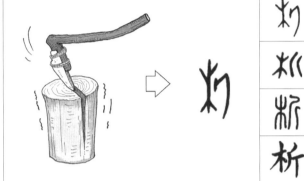

지금의 자형은 '나무'(木)와 '도끼'(斤)로 이루어져 있는데, 갑골문의 자형 '𣂀'도 같은 모습이다. 본래의 뜻은 「도끼로 나무를 쪼개다」이다. 도끼로 나무나 풀을 옆(橫)으로 '자르는' 것이 '折'(절)이고, 나무를 위아래(縱)로 '쪼개는' 것이 '析'(석)이다. 어떤 사물의 구성요소나 성분을 정확히 알아보려면 잘게 쪼개어 살펴보아야 한다. 이로부터 「분석하다」, 「해석하다」 등의 뜻이 생겼다.

응용 : 分析 분석, 解析 해석, 判析 판석, 剖析 부석, 割析 할석, 析薪 석신, 析出 석출, 析別 석별, 析律舞文 석률무문, 析疑匡謬 석의광류.

나무

도끼

쓰는 순서 一 十 才 木 杧 析 析 析   8획

211

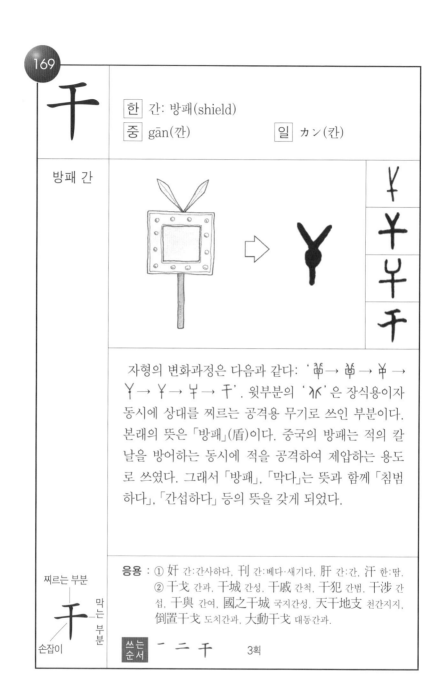

干

한 간: 방패(shield)

중 gān(깐)

일 カン(칸)

방패 간

자형의 변화과정은 다음과 같다: '넒→넒→넒→ Y → Y → 냐 → 干'. 윗부분의 '丗'은 장식용이자 동시에 상대를 찌르는 공격용 무기로 쓰인 부분이다. 본래의 뜻은 「방패」(盾)이다. 중국의 방패는 적의 칼날을 방어하는 동시에 적을 공격하여 제압하는 용도로 쓰였다. 그래서 「방패」, 「막다」는 뜻과 함께 「침범하다」, 「간섭하다」 등의 뜻을 갖게 되었다.

찌르는 부분

막는 부분

손잡이

응용 : ① 奸 간:간사하다. 刊 간:베다·새기다. 肝 간:간. 汗 한:땀. ② 干戈 간과. 干城 간성. 干戚 간척. 干犯 간범. 干涉 간섭. 干與 간여. 國之干城 국지간성. 天干地支 천간지지. 倒置干戈 도치간과. 大動干戈 대동간과.

쓰는 순서 ー 二 干   3획

212

衣

한	의: 옷(clothes)
중	yī(이)
일	イ(이)

옷 의

 ⇨

갑골문 자형 ' · ' 등은 상의(上衣) 모양으로, 윗쪽은 목 뒤 옷깃(領:령)과 양쪽 소매의 윗부분을, 아랫쪽은 앞의 옷깃(襟:금)과 양쪽 소매의 아래 부분을 나타낸다. 처음에는 상의는 '衣', 하의는 '裳'(상)이라 하였으나, 지금은 모든 옷을 '衣' 또는 '衣裳'(의상)이라 한다. '衣'가 부수자로 한자의 왼쪽에 올 때는 'ネ'처럼 쓰고(예:被 피, 衽 임 등), 위아래로 분리될 때는 '衣'처럼 쓴다(예:哀 애, 表 표).

응용 : 衣服 의복, 衣冠 의관, 衣食住 의식주, 白衣 백의, 脱衣 탈의, 浴衣 욕의, 錦衣 금의, 雨衣 우의, 錦衣還鄉 금의환향, 天衣無縫 천의무봉, 寒不擇衣 한불택의, 新沐者必彈冠, 新浴者必振衣 신목자필탄관, 식욕자필진의.

쓰는 순서 丶 亠 亣 产 玄 衣　6획

213

天衣無縫(천의무봉: 티엔 이 우 펑)

이 고사성어는 꿈같은 이야기에서 비롯되었습니다.

아주 먼 옛날 전설의 시대에, 중국 태원(太原)이란 곳에 곽한(郭翰)이란 사람이 살았습니다. 어느 더운 여름날 밤, 곽한은 더위를 식히려고 마당에 나와 누웠습니다. 달빛 아래 누워 가끔씩 불어오는 시원한 바람에 더위를 식히며 하늘을 바라보고 있었습니다. 그런데 갑자기 어두운 밤하늘 저쪽에서 눈부시게 흰 옷을 입은 아름다운 여자가 내려오는 것이 아니겠습니까? 그 여자는 곽한에게 말했습니다.

"나는 하늘 나라에 사는 베짜는 선녀입니다."

곽한은 그 선녀가 입은 옷을 유심히 들여다 보았는데, 바느질 자국이 하나도 없다는 사실을 발견했습니다. 곽한이 물었습니다.

"당신의 옷에는 어째서 바느질한 자국이 하나도 없나요?"

"이것은 '하늘 나라의 옷'이랍니다. 인간 세상의 옷처럼 바늘과 실로 꿰매서 만든 게 아니지요. 그래서 자국이 없는 것이랍니다."

이 이야기에서 나온 '하늘 나라의 옷(天衣)은 바느질한 데가 없다(無縫)'는 뜻의 천의무봉(天衣無縫)은 어떤 일이 흠잡을 데 없이 매끄럽게 처리된 상황을 비유하는 성어가 되었습니다.〔출처:《靈怪錄·郭翰》(영괴록·곽한)〕

〈한자풀이〉

天(천): 하늘.　衣(의): 옷.　無(무): 없다.　縫(봉): 바느질하다.

215

初

한	초: 처음(first time). 시작(beginning)
중	chū(추)
일	ショ(쇼)

처음 초

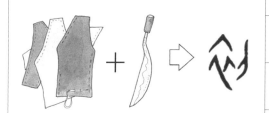

갑골문 자형 '𥘆'은 '𧘇'(衣→:옷)와 'ㄣ'(刀:칼)로 되어 있다. '칼'로 옷감을 잘라서 옷을 만들기 '시작한다'는 뜻을 나타낸 회의자로, 본래의 뜻은 「시작하다」, 「시초」이다. 원시인들이 잡은 짐승의 가죽은 모양도 크기도 제각각이므로 칼로 그것을 여러 조각으로 잘라서 꿰매어야 옷이 되었다. 따라서 옷을 만드는 일은 칼로 옷감(가죽)을 자르는 일에서 시작된다.

옷(衣)
칼

응용 : 初步 초보, 初期 초기, 初代 초대, 初級 초급, 初心 초심, 初志 초지, 初版 초판, 初行 초행, 年初 연초, 始初 시초, 月初 월초, 最初 최초, 當初 당초, 初生之犢不畏虎 초생지독불외호, 靡不有初, 鮮克有終 미불유초, 선극유종.

쓰는 순서 　丶ㅎ　ㅎ　ㅎ　ㅎ　ㅎ　初　初 　7획

巾

한	건: 수건(towel)
중	jīn(찐)
일	キン(킨)

수건 건

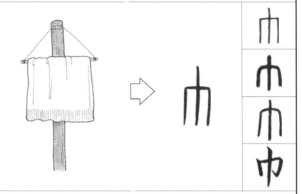

갑골문 자형 '巾'은 수건 걸이에 「천」 또는 「수건」이 걸려 있는 모습이다. 본래의 뜻은 「헝겊」, 「수건」이다. 방직제품 중에서 일상생활에서 가장 많이 사용하는 것은 「수건」이다. 식사한 후, 세수한 후, 땀흘린 후에는 「수건」을 쓴다. 그래서 방직제품을 나타내는 한자에 '巾'이 부수자로 들어간 것이 많다. 머리에 두르는 수건은 두건(頭巾)이라고 한다.

응용 : ① 布 포:베, 帆 범:돛, 帛 백:비단, 帖 첩:휘장·두루마리, 帳 장, 幅 폭, 幕 막. ② 手巾 수건, 頭巾 두건, 黃巾賊 황건적, 食巾 식건, 汗巾 한건, 解巾 해건, 葛巾 갈건, 方巾長袍 방건장포, 葛巾野服 갈건야복.

수건 걸이

수건

쓰는 순서　ㅣ ㄇ 巾　3획

布

한	포: 베(cloth). 펴다(announce)
중	bù(뿌)	일 フ(우)

베 포
펼 포

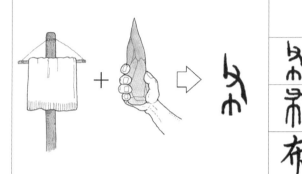

자형은 'ナ'와 '巾'(건)으로 되어 있으나, 금문의 자형 '㝵'은 '㠯'(父:부)와 '帀'으로 되어 있다. 따라서 지금 자형에서 위의 'ナ'(ㅋ)는 '父'(㠯)의 생략형으로, '부'(bu)란 소리를 나타낸다. 본래의 뜻은 「천」, 「베」이다. 「베」는 말았다 폈다 할 수 있으므로 「펴다」는 뜻과, 이로부터 「베풀다」, 「널리 알리다」는 뜻이 생겼다. 옛날에는 포목(布木)이 돈 대신에 사용되었으므로 「돈」이란 뜻도 있다.

응용 : 毛布 모포, 綿布 면포, 麻布 마포, 布衣 포의, 布木 포목, 布帛 포백, 布石 포석, 布告 포고, 布敎 포교, 布陣 포진, 布令 포령, 布施 포시, 布衣疏食 포의소식, 布衣之士 포의지사, 布德施惠 포덕시혜, 興雲布雨 홍운포우.

父(부)의 생략형. 소리를 나타냄

수건

쓰는 순서 ノ ナ ナ 右 布 5획

218

絲

한	사: 실(string). 명주실(silk)
중	sī(쓰)
일	シ(시)

실 사

⇨

갑골문 자형 '‖‖ · ♨♨ · ♨♨' 등은 여러 번 꼬아 놓은 두 타래의 「실」 모양으로, 본래의 뜻은 「실」이다. 특히 누에고치에서 뽑은 「명주실」을 가리킨다. 갑골문에서 는 꼬이지 않은 실 올 부분이 양쪽 끝에 있었으나, 금문부터는 한 쪽에만 있는 모양 '♨♨' 으로 바뀌었다. 「비단」이란 뜻으로도 쓴다. '絲' 가 부수자로 쓰일 때에는 한 타래의 실만 있는 모양(糸)으로 된다.

실타래

絲

응용 : 生絲 생사, 麻絲 마사, 毛絲 모사, 綿絲 면사, 絹絲 견사, 蠶絲 잠사, 蛛絲 주사, 絲車 사차:물레, 金石絲竹 금석사죽, 吹竹彈絲 취죽탄사, 絲竹之音 사죽지음, 一絲不亂 일사불란, 一絲不線, 單木不林 일사불선, 단목불림.

쓰는순서 ㄠ ㄠ ㅌ 糸 糸 糸 絲 絲 12획

系

한 계: 끈(string)
중 xì(씨)
일 ケイ(케이)

끈 계
맬 계

고문의 자형들(圖, 圖, 圖, 圖)은 모두 '손' (圖)으로 여러 타래의 '실' (圖·圖)을 잡고 있는 모습인데, 소전 이후 '손' (圖)과 '실' (圖)이 각각 ' ノ '과 '圖·系' 로 단순해졌다. 본래의 뜻은 「잇다」, 「연결하다」이다. '系' 는 주로 상하(上下)나 선후(先後) 등 종적인 연결의 경우에 쓴다. 그래서 「핏줄」, 「혈통」이란 뜻이 생겼다. 사람들 사이의 횡적인 연결의 경우에는 '係' (계)를 쓴다(예:關係 관계, 係員 계원 등).

응용 : 系列 계열. 系統 계통. 系譜 계보. 世系 세계. 直系 직계. 傍系 방계. 體系 체계. 系圖 계도. 萬世一系 만세일계.

손
系
실

쓰는 순서　一 ㄥ ㅗ 玄 乎 系 系　7획

經

한 경: 날실(warp)
중 jīng(찡) 反 緯(위) 일 ケイ(케이)·キョウ(쿄-)

날실 경

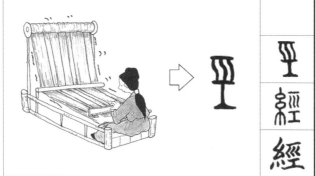

자형은 '糸'(사)와 '巠'(경)으로 되어 있다. '巠'(경)
은 원시적인 형태의 '베틀' 또는 '방직도구'(巠) 위
에 '날실'(巠)이 걸려 있는 모습으로, 본래의 뜻은
「날실」, 즉 「경사」(經絲)이다. '실'과 관련된 섯임을
나타내려고 후에 부수자 '糸'를 덧붙였다. 베를 짤
때,「날실」은 처음부터 끝까지 팽팽하게 고정시킨 채
「씨실」(緯)만 좌우로 움직여서 베가 짜여진다. '經'
에 있는 다양한 뜻들은 모두 「날실」에서 파생된 것이
다.

응용 : 經線 경선, 經度 경도, (緯線 위선, 緯度 위도), 東經 동
경, 經路 경로, 經歷 경력, 經典 경전, 聖經 성경, 經國 경
국, 經濟 경제, 經營 경영, 神經 신경, 經一失, 長一智
경일실, 장일지, 經師易遇 人師難遭 경사이우, 인사난조.

실
날실

經

베틀

쓰는
순서 幺 幺 糸 紅 經 經 綷 經   13획

221

絶

한 절: 끊다(cut off)

중 jué(쥐에) 일 ゼツ(제츠)

끊을 절

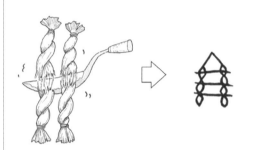

금문의 자형 '𦅫'은 '실'(88)과 '칼'(刂)로 되어 있는 회의자이다. 두 타래의 실(88)을 칼(刂)로 끊고 있는 모습으로, 본래의 뜻은 「칼로 실을 끊다」이다. 그러나 소전 이후 소리부호 'ㅏ'(→巴:절)을 덧붙임으로써 회의 겸 형성자가 되었고('糸'+'刀'+'ㅏ'절), 후에 와서 '刀'가 다시 'ㄅ'(人)처럼 잘못 변하였다. 「뛰어나다」, 「떨어지다」, 「극히」 등의 뜻은 모두 「끊어지다」는 본래의 뜻에서 파생된 것들이다.

응용 : 絶交 절교, 絶筆 절필, 絶命 절명, 絶壁 절벽, 絶對 절대, 絶緣 절연, 絶景 절경, 絶色 절색, 絶妙 절묘, 斷絶 단절, 義絶 의절, 絶長補短 절장보단, 君子交絶不出惡聲 군자교절불출악성, 以勢交者, 勢傾則絶 이세교자, 세경즉절.

실   칼(刀)

絶

소리부호(ㅏ)

쓰는 순서   ㄠ ㄠ 糸 糸 糸' 糸' 糸色 絶   12획

食

한	① 식:먹다(eat) ② 사:밥(food)	
중	shí(스)	일 ショク(쇼쿠)·ジキ(지키)

밥 사
먹을 식

갑골문의 자형은 '' 등으로, 위쪽의 'ᄉ'는 그릇의 뚜껑이고 아래쪽의 ''(皀)은 음식이 담겨 있는 그릇의 모양이다. 본래의 뜻은 「음식」, 「음식을 먹다」인데, 이때는 '식'이라고 읽는다. 음식은 남에게 (또는 가축에게) 먹여 주기도 한다. 이처럼 「먹여주다」, 「먹여서 기르다」는 뜻과, 특히 곡식으로 만든 「밥」이란 뜻으로 쓰일 때에는 '사'라고 읽는다.

응용: 食事 식사. 食堂 식당. 食器 식기. 食性 식성. 食用 식용. 食品 식품. 弱肉强食 약육강식. 衣食住 의식주. 食無求飽. 居無求安 식무구포, 거무구안. 人爲財死. 鳥爲食亡 인위재사, 조위사망. 飯疏食飮水 반소사음수.

그릇 뚜껑
|

|
밥그릇

쓰는 순서 | 人 人 今 今 食 食 食 食 | 9획

飮

| 한 | 음: 마시다(drink) |
| 중 | yǐn(인) | 일 イン(인) |

마실 음

지금의 자형은 '食'과 '欠'(흠:입을 크게 벌리고 있는 사람)으로 되어 있지만, 갑골문의 자형들 ''·''·''·''은 모두 '사람'(亻)이 '술항아리'(酉, 酉)나 '그릇'(凵)을 안고 '고개를 숙인채 혀를 길게 내밀어'() 그 안에 있는 '술'을 마시고 있는 모습이다. 본래의 뜻은 「술을 마시다」이다. 술병 위에 사람의 입이 있는 모습이 지금의 자형으로 바뀐 것은 한(漢)나라 때 이후부터이다.

입을 벌리고 있는 사람

飮

밥그릇

응용 : 飮酒 음주, 飮水 음수, 飮食 음식, 飮料水 음료수, 飮毒 음독, 暴飮 폭음, 鄕飮酒禮 향음주례, 飮食男女 음식남녀, 飢者易爲食, 渴者易爲飮 기자이위식, 갈자이위음, 飯疏食飮水, 曲肱而枕之 반소사음수, 곡굉이침지.

쓰는순서 ノ ケ ケ 今 今 刍 刍 刍 飮 13획

224

皿

한	명: 그릇(vessel)
중	mǐn(민)ˇ
일	ベイ(베이)

그릇 명

갑골문의 자형 '' , '' , '' , '' 등은 음식물을 담아 놓는 사발이나 접시, 쟁반 등 그릇의 모양으로, 본래의 뜻은 「그릇」이다. 음식물을 담아놓는 그릇 중에서 발이 높은 것이 '' (豆:두)이고, 발이 낮고 뚜껑이 없는 것은 '' (皿)이고, 뚜껑이 있는 밥그릇은 '' (皀:간)이다. '皿' 은 그러나 지금은 주로 부수자로 쓰여서 그릇과 관련된 뜻을 나타낸다.

응용 : ① 血 혈:피, 盂 우:사발, 盆 분:동이, 盈 영:차다, 益 익:더하다, 溢 일:넘치다, 盎 앙:동이, 盛 성:담다, 盜 도:훔치다, 盟 맹:맹세하다, 盡 진:다하다, 盤 반:쟁반. ② 器皿 기명, 大皿 대명, 小皿 소명.

손잡이

皿

밑받침

쓰는 순서 ㅣ 冂 冂 皿 皿   5획

225

食指大動(식지대동: 스 즈 따 뚱)

　중국 춘추시대 때 정(鄭) 나라에 송(宋)씨 성을 가진 귀족과 가(家)씨 성을 가진 귀족이 살았습니다. 두 사람은 다 왕의 일을 돕는 재상이었습니다.

　하루는 두 사람이 아침 일찍 함께 왕을 알현하러 궁에 들어가는데, 송 재상의 식지(食指:집게 손가락)가 갑자기 부들부들 떨리기 시작했습니다.

226

가(家) 재상이 이를 이상하게 생각하자 송(宋) 재상은 이렇게 설명해 주었습니다.

"내 식지가 떨릴 때마다 그날은 꼭 귀한 음식을 먹을 기회가 생기더군요. 지난 번 진(晉) 나라에 갔을 때는 귀한 생선을 먹었고, 나중에 초(楚) 나라에 갔을 때는 백조 고기로 만든 요리를 먹었지요. 자, 오늘도 내 식지가 떨리는 것을 보니 또 무슨 귀한 음식을 먹게 될 모양입니다."

과연 그날 왕은 이웃 나라에서 선물받은 귀한 거북으로 요리를 만들어 대신들을 대접했습니다. 송 재상의 식지가 알려 준 예언이 정말 맞아떨어졌던 것이지요. 그래서 두 재상은 빙그레 마주보고 웃었답니다.

그로부터 식지대동(食指大動)이란 성어는 먹음직스런 음식을 앞에 두고 식욕이 솟거나, 어디선가 음식 향기를 맡고 군침이 도는 경우, 혹은 먹을 복이 생길 것 같은 예감이 드는 상황을 비유하게 되었습니다.〔출처: 《左傳·宣公四年》(좌전·선공4년)〕

〈한자풀이〉

食(식):음식. 먹다.　指(지):손가락.　大(대):크다.
動(동):움직이다.

血

| 한 | 혈: 피(blood) |
| 중 | xuè, xiě(쉬에, 시에) 反 肉(육) 일 ケツ(케츠) |

피 혈

지금의 자형은 '皿'(명)위에 삐친 점(ノ)이 하나 있는 모습이고, 갑골문의 자형 등은 모두 '皿' 안에 작은 'ㅇ', 또는 'ㅣ'이 있는 모습이다. 여기서 'ㅇ'은 그릇 안에 담겨 있는 피를 위에서 본 모습이고, 'ㅣ'은 떨어지는 피를 옆에서 본 모습이다. 본래의 뜻은「제사 때 바치는 희생의 피」이다. 짐승의 피를 제단에 바치면서 지내는 제사를 '血祭'(혈제)라고 한다.

응용 : 血氣 혈기, 血管 혈관, 血脈 혈맥, 血色 혈색, 血書 혈서, 血壓 혈압, 血肉 혈육, 血族 혈족, 血統 혈통, 冷血 냉혈, 止血 지혈, 輸血 수혈, 赤血 적혈, 白血 백혈, 流血 유혈, 下血 하혈, 出血 출혈, 鮮血 선혈, 熱血 열혈, 血緣 혈연.

피

그릇

쓰는 순서   ノ ｲ ｆ 血 血 血   6획

228

益

더할 익

중 yì(이)　反 損(손)　일 エキ(에키) · ヤク(야쿠)

지금의 자형은 'Ⅲ'(명: 그릇) 위에 '水'(수)가 옆으로 눕혀져 있는 모습(⺀)인데, 갑골문의 자형 '𝌆', '𝌇', '𝌈' 등도 모두 '그릇'(𝌉) 위로 '물'(𝌊, 𝌋, 𝌌)이 솟아오르는 모습이다. 물이 그릇 위로 솟아오를 때는 곧 '가득 차서 넘칠' 때이다. 본래의 뜻은「물이 가득차서 넘치다」이고, '溢'(일:넘치다)의 본래자이다. 이로부터「증가하다」,「풍족하다」,「이익」,「이롭다」,「더욱」등의 뜻이 생겼다.

응용 : 利益 이익, 有益 유익, 公益 공익, 無益 무익, 損益 손익, 收益 수익, 便益 편익, 益鳥 익조, 益友 익우, 多多益善 다다익선, 求益反損 구익반손, 虛受益, 滿招損 허수익, 만초손, 道高益安, 勢高益危 도고익안, 세고익위.

물

益

그릇

쓰는순서 ノ 八 公 グ 谷 谷 益 10획

229

易

한 ① 역: 바꾸다(exchange). ② 이: 쉽다(easy)
중 yì(이)　　일 エキ(에키) · イ(이)

바꿀 역
쉬울 이

갑골문의 자형들(, , ,)은 한 쪽 그릇을 기울여 다른 쪽 그릇에 물이나 술을 부어주고 있는 모습과, 그 한 부분만을 표시한 것들로, 본래의 뜻은 「주다」이며, '賜' (사:주다)의 본래자이다. 한 쪽에서 다른 쪽으로 주게 되면 그 위치가 '바뀌고', 그 양(量)도 '바뀐다'. 이로부터 「바꾸다」는 뜻과 「고치다」(改)는 뜻이 생겼다. 「쉽다」는 뜻으로도 쓰이는데, 이때는 '이' 로 읽는다.

응용 : ① 貿易 무역, 交易 교역, 易地思之 역지사지, 改易 개역, 周易 주역. ② 簡易 간이, 容易 용이, 難易 난이, 安易 안이, 易俗移風 역속이풍, 易如反掌 이여반장, 行易知難 행이지난, 千兵易得, 一將難求 천병이득, 일장난구.

손잡이

물　　그릇

쓰는순서　ㅣ 冂 日 日 月 昜 昜 易　8획

230

| 한 | 가: 집(house). 가정(home, family) |
| 중 | jiā(찌아) | 일 | カ(카)·ケ(케) |

집 가

갑골문 자형 '⋒'은 '집'(∩→宀) 안에 '돼지' (⅃→豕)가 있는 모습으로, 본래의 뜻은 「집에서 기르는 돼지」, 또는 「돼지를 기르는 곳」이었다. 가축에는 소·말·양과 개·돼지가 있다. 소·말·양은 밖에서 기르고(放牧), 개와 돼지는 집 안에서 길렀다(家畜). 특히 돼지는 새끼를 많이 낳는데, 자손이 번성하기를 바라는 마음과 겹쳐서 '家'를 「가정」, 「가족」의 뜻으로 쓰게 되었다.

응용 : 家具 가구, 家庭 가정, 家寶 가보, 家事 가사, 家業 가업, 家長 가장, 自家 자가, 農家 농가, 歸家 귀가, 儒家 유가, 作家 작가, 國家 국가, 赤手起家 적수기가, 一人知儉. 一家富 일인지검. 일가부, 東家食西家宿 동가식서가숙.

집

돼지

쓰는 순서 ⋎ ⋏ 宀 宀 宀 宁 家 家　　10획

231

宫

185

宫

| 한 | 궁: 집(house). 궁궐(palace) |
| 중 | gōng(꿍) | 일 | キュウ(큐-) · グウ(구-) |

집 궁

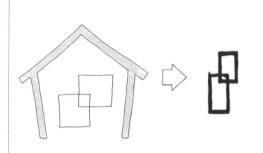

갑골문 자형 ''은 '집'(⌒ → 宀) 안에 '방' 두 개(吕→呂)가 있는 모습으로, 본래의 뜻은 「집」이다. 옛날에는 반지하에 작은 집을 짓고 살았으므로, 집 전체가 방 하나로 되어 있었다. 그런데 집 안에 여러 칸의 방이 있다면 그것은 공공집회 장소이거나 임금이 사는 큰 집이다. 그래서 특히 임금이 사는 대궐을 '宮'이라고 하게 되었다.(*여기서 '呂'는 두 개의 '창문'을 나타낸 것이란 설도 있다).

응용 : 宮室 궁실. 宮女 궁녀. 宮闕 궁궐. 宮廷 궁정. 宮中 궁중. 王宮 왕궁. 東宮 동궁. 中宮 중궁. 後宮 후궁. 龍宮 용궁. 神宮 신궁. 月宮 월궁. 故宮 고궁. 三千宮女 삼천궁녀. 九重宮闕 구중궁궐.

집
宮
방 두개

쓰는 순서　丶 宀 宀 宀 宮 宮 宮 宮 宮　10획

232

186

宿

한	숙: 묵다(lodge). 오래된(long-standing)
중	sù(쑤)
일	シュク(슈쿠)

묵을 숙

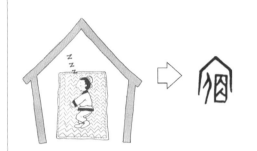

지금의 자형은 'ᅟ宀'과 'ㅅ'과 '百'(백)으로 되어 있다. 그러나 갑골문 자형 '㑃, 㕻, 㑃' 등은 '집' (介→宀) 안에 '사람'(㇀· ㇀→人)이 '돗자리' (㇀·㘣→百) 위에 눕거나 앉아서 쉬고 있는 모습인데, 돗자리의 모습이 후에 '㇀→ 丙→ 丙→ 百'으로 잘못 변하였다. 본래의 뜻은 「묵다」, 「숙박하다」이다. 이로부터 「하룻밤」, 「오래된」이란 뜻이 파생되었다. 「별자리」란 뜻도 있는데, 이때는 '수'라고 읽는다 (예:二十八宿 이십팔수 등).

응용 : 宿所 숙소, 宿直 숙직, 下宿 하숙, 合宿 합숙, 投宿 투숙, 旅人宿 여인숙, 宿泊 숙박, 宿食 숙식, 宿望 숙망, 宿命 숙명, 宿願 숙원, 宿患 숙환, 宿題 숙제, 一宿之行 일숙지행, 風餐露宿 풍찬로숙, 宿醉未醒 숙취미성.

집
宿
사람 ／ ＼ 돗자리

쓰는 순서 ` 宀 宀 宀 宿 宿 宿   11획

233

穴

| 한 | 혈: 굴(cave). 구멍(hole) |
| 중 | xué(쉬에) | 일 | ケツ(케츠) |

굴 혈

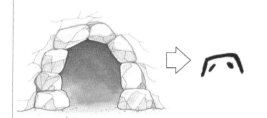

자형은 '宀'과 '八'(팔:여덟)로 되어 있지만, 금문의 자형 '𠖌'은 '토굴의 입구' 모습이다. 본래의 뜻은 「굴」이다. 상고시대에는 아직 집을 지을 줄 몰라서 굴 속에서 또는 나무 위에서 살았다. 부수자로 '穴'(혈)이 들어 있는 한자는 대부분 「굴」이나 「구멍」과 관련이 있고, '穴'과 결합되어 있는 다른 자소(字素)가 소리를 나타낸다.

응용 : ① 究 구:궁구하다. 空 공:하늘·비다. 窄 착:좁다. 窓 창:창. 窟 굴:움. 竄 찬:숨다. ② 穴居 혈거, 巢穴 소혈, 虎穴 호혈, 巢居穴處 소거혈처, 狡兎三穴 교토삼혈, 千里之堤, 潰於蟻穴 천리지제, 궤어의혈.

쓰는 순서　ヽ　ハ　宀　宂　穴　5획

굴

굴 입구의 돌

234

188

京

한 경: 서울(capital)

중 jīng(찡)　　　일 キョウ(쿄-) · ケイ(케이)

서울 경

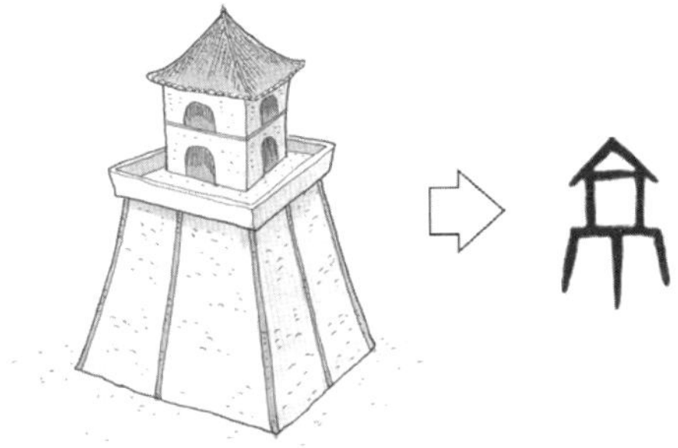

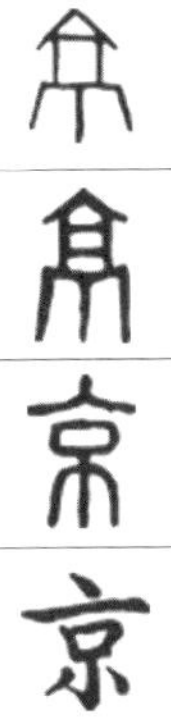

갑골문 자형 ‘□, □:□’ 등에서, 위의 ‘□’(→ 古)은 건축물의 2층 부분을 나타내고, 아래의 ‘□’(→巾→小)은 ‘□’처럼 1층의 한 면에서 보이는 3개의 기둥을 나타낸다. ‘□’(高)처럼 한 면에서 보이는 기둥이 2개인 보통의 망루나 정자 등에 비하면 ‘□’(京)은 아주 크고(大) 높은(高) 건축물이다. 본래의 뜻은 「높고 큰 집」이다. 이런 집은 주로 「도성」 안에 많으므로, 이로부터 「수도」, 「서울」이란 뜻이 생겼다.

응용 : 上京 상경, 西京 서경, 京城 경성, 京都 경도, 京畿 경기, 京尹 경윤, 京釜線 경부선, 京魚 경어(=鯨:고래), 易邑爲京 역읍위경.

지붕
京
1층 기둥

쓰는 순서 　、 亠 亠 亡 古 亨 亨 京　8획

高

한 고: 높다(high)
중 gāo(까오) 反 低(저) 일 コウ(코-)

높을 고

갑골문 자형 '高·高' 등은 높고 큰 성문 위에 세워 놓은 누각의 모습이다. 맨 위에는 끝이 뾰죽한 지붕 (△)이 있고, 중간에는 2층 망루의 기둥 또는 담과 창문(日)이 있고, 아래에는 성벽과 성문(回)이 있는 모습으로, 본래의 뜻은 「높다」이다. 「높다」는 본래의 뜻에서 「멀다」('높은' 선조 → '먼' 조상), 「크다」('높은' 소리 → '큰' 소리) 등의 뜻도 생겼다.

응용 : 高山 고산, 高下 고하, 高位 고위, 高貴 고귀, 高利 고리, 高聲 고성, 高手 고수, 高原 고원, 高等 고등, 登高 등고, 最高 최고, 至高無上 지고무상, 山銳則不高 산예즉불고, 泰山不讓土壤, 故能成其高 태산불양토양, 고능성기고.

성루

성문 성벽

쓰는 순서 ` 一 十 古 古 古 高 高 高   10획

236

亭

머물 정
정자 정

옛날에는 길가에 10리마다 정자를 하나씩 세워서 공무(公務)로 오가는 관리들이나 여행자들을 조사하거나 머물러 쉬게 했다. '亭'은 기본적으로 '京'(경)이나 '高'(고)와 비슷한 모양의 건물(高)이지만, 1층 기초의 튼튼함이나(예:京의 'ㅠ'), 성의 안팎 출입을 위한 성문(예:高의 'ㅁ') 대신에, '멈춘다'는 뜻과 '정'이란 소리를 동시에 나타내는 '丁'(정)을 덧붙여서 「머물다」, 「정자」, 「주막」이란 뜻을 나타낸 형성자이다.

응용 : 亭子 정자. 亭居 정거. 亭長 정장. 亭候 정후. 亭主 정주. 郵亭 우정. 客亭 객정. 驛亭 역정. 園亭 원정.

마루   지붕

亭

소리부호(丁)

쓰는순서 ` 一 亠 亠 产 产 高 高 亭   9획

東家食 西家宿(동가식 서가숙: 뚱 찌아 스 시 찌아 수)

　　중국 전국(戰國)시대 때 제(齊) 나라에 한 아름다운 처녀가 살았습니다. 이 처녀가 나이가 차서 혼처를 정하게 되었습니다.

　　하루는 마을 동쪽과 서쪽에 사는 총각으로부터 각각 청혼이 들어왔습니다.

　　동쪽에 사는 총각은 아주 큰 부자였지만 얼굴이 몹시 못생겼습니다. 서쪽에 사는 총각은 글을 읽는 선비였는데, 재능이 뛰어나고 얼굴도 잘생겼지만 아주 가난했습니다.

　　처녀의 부모는 어느 쪽이 더 좋을지 결정을 내릴 수가 없었으므로 딸과 직접 상의하기로 했습니다.

　　"지금 동쪽과 서쪽 총각 두 군데서 청혼이 들어왔는데, 우리는 결정을 못하겠구나. 어디가 더 좋은지 네 마음을 얘기해 보려무나."

　딸이 한참 동안 대답을 하지 않자 부모는 딸이 부끄러워 대답을 못하는 것으로 생각하고는, 만약 동쪽이 좋으면 왼손을, 서쪽이 좋으면 오른손을 들라고 했습니다.

　그러자 딸은 두 손을 다 들어올렸습니다. 의아해진 부모가 그 까닭을 묻자 딸은 다음과 같이 대답했습니다.

　"동쪽 총각은 부자이지만 못생겼고, 서쪽 총각은 가난하지만 잘생겼습니다. 그러므로 밥은 동쪽 집에 가서 먹고, 잠은 서쪽 집에 가서 잤으면 좋겠습니다."

　이 말을 들은 부모는 딸의 욕심에 어이가 없었습니다.

　이로부터 동가식 서가숙(東家食西家宿)은 욕심 많고 탐욕스럽게 자기 이익을 모두 챙기려는 사람을 비유하는 성어가 되었습니다. 그런데 우리나라에서는 이 말을 어느 한 곳에 정착하지 못하고 이곳 저곳을 떠돌아다니는 사람을 지칭하는 뜻으로 쓰고 있는데, 이것은 어원(語源)은 모른 채 글자 풀이내로만 이해한 결과입니다.〔줄처:《藝文類聚·卷四十》(예문유취·권사십)〕

〈한자풀이〉
東(동):동쪽.　家(가):집.　食(식):먹다.
西(서):서쪽.　宿(숙):자다.

239

191

入

한	입: 들어가다(enter)
중	rù(루)
일	ニュウ(ニュー)

들 입

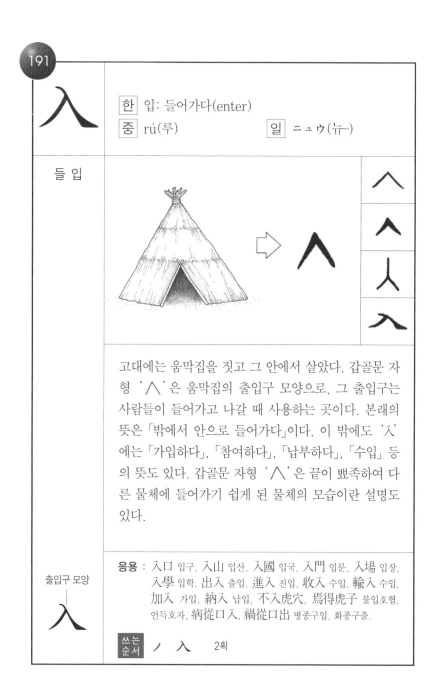

고대에는 움막집을 짓고 그 안에서 살았다. 갑골문 자형 '∧'은 움막집의 출입구 모양으로, 그 출입구는 사람들이 들어가고 나갈 때 사용하는 곳이다. 본래의 뜻은 「밖에서 안으로 들어가다」이다. 이 밖에도 '入'에는 「가입하다」, 「참여하다」, 「납부하다」, 「수입」 등의 뜻도 있다. 갑골문 자형 '∧'은 끝이 뾰족하여 다른 물체에 들어가기 쉽게 된 물체의 모습이란 설명도 있다.

출입구 모양

入

응용 : 入口 입구. 入山 입산. 入國 입국. 入門 입문. 入場 입장. 入學 입학. 出入 출입. 進入 진입. 收入 수입. 輸入 수입. 加入 가입. 納入 납입. 不入虎穴. 焉得虎子 불입호혈. 언득호자. 病從口入. 禍從口出 병종구입. 화종구출.

쓰는 순서   ノ 入   2획

240

內

안 내

소전의 자형 '內'은 'ㄇ'과 '入'으로 되어 있어서, '문'(ㄇ) 안으로 '사람'(入)이 들어간다는 뜻을 나타내는 회의자로 보기 쉽다. 그러나 갑골문과 금문의 자형 '內', '入' 등은 집의 출입구 모양을 본뜬 상형자로, 본래의 뜻은 '밖'의 반대인「안」이다. 옛날에는 '內'와 '入'은 서로 통용되었고, 또 '內'는 '納'(납:받아들이다)과 같은 뜻으로 쓰였는데, 이는 글자의 뿌리가 같기 때문이다.

건물의 출입구

응용 : 內外 내외, 內科 내과, 內心 내심, 內陸 내륙, 內面 내면, 內務 내무, 內視 내시, 內助 내조, 校內 교내, 區內 구내, 室內 실내, 月內 월내, 市內 시내, 城內 성내, 內憂外患 내우외환, 外柔內剛 외유내강, 外愚內智 외우내지.

쓰는 순서 ㅣ ㄇ ㄇ 內　　4획

戶

<한> 호: 문(door). 가구(family)
<중> hù(후) <일> コ(코)

문 호

갑골문 자형 '目', '戶'는 한 짝 「문」(지게문)의 모양으로, 본래의 뜻은 「지게문」이다. 이는 고대 크레타(creta) 상형 문자에서 「문」을 나타낸 '텍, 텍, 텈, 텈' 등과 거의 같다. 아무리 가난한 집에도 이런 '문'(戶)이 하나는 있게 마련이므로, '戶'(호)에는 「가구」, 「민가」라는 뜻이 있다. 옛날 민정(民政)을 담당하던 정부 부서를 '호조'(戶曹)라고 하였다. 두 짝의 「문」이 마주보고 나 있는 것은 '텄'(=門:문)이라고 한다.

응용 : 戶口 호구, 戶別 호별, 戶數 호수, 戶籍 호적, 戶主 호주, 門戶 문호, 房戶 방호, 貧戶 빈호, 酒戶 주호, 破落戶 파락호, 家家戶戶 가가호호, 關門閉戶 관문폐호, 夜不閉戶 야불폐호, 流水不腐 유수불부, 戶樞不朽 호추불후.

戶
지게문

쓰는 순서 丶 ㇇ ㇋ 戶 4획

242

啓

194

한	계: 열다(open)	
중	qǐ(치)	일 ケイ(케이)

열 계

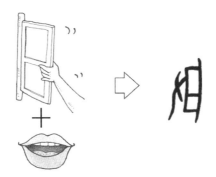

갑골문의 자형은 '🂠'로, '손'(🂠)으로 '문'(🂠)을 열고 있는 모습이다. 여기에 다시 '口'(구:입)를 덧붙여서「손으로 문을 열어 주듯이, 말로써 설명하여 앎의 문을 열어준다」는 뜻을 니타냈다. 본래의 뜻은「열어주다」,「깨우쳐 주다」이다. 이로부터「열다」,「인도하다」,「여쭈다」등의 뜻이 생겼다. 손의 모습이 후에는 가르치는 사람이 손에 회초리를 들고 있는 모습으로 바뀌었다(🂠 → 🂠 → 攵).

응용 : 啓明星 계명성, 啓蒙 계몽, 啓告 계고, 啓發 계발, 啓示 계시, 啓導 계도, 上啓 상계, 狀啓 장계, 密啓 밀계, 拜啓 배계, 承前啓後 승전계후, 承先啓後 승선계후, 難以啓口 난이계구, 不敢啓齒 불감계치, 不憤不啓 불분불계.

문 · 손 · 입

啓

쓰는 순서 　丶　彐　户　户　户　所　改　啓　　11획

243

門

한 문: 문(door)
중 mén(먼)(门)　　　일 モン(몬)

문 문

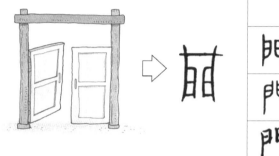

자형은 '문짝'이 두 개 있는 모습(門)이다. 고문에는 문틀 위에 가로로 된 긴 나무, 즉 상인방(上引枋)이 있는 자형(門)도 있으나, 자형의 변화가 거의 없는 편이다. 본래의 뜻은 건축물의 출입구에 설치하여 여닫을 수 있게 만든 「문」이다. 「문」은 또한 「집」(家), 「가족」의 뜻으로도 쓰이며, 「문인」(門人), 「제자」란 뜻으로도 쓰인다. 중국의 간체자는 '门' 처럼 쓴다.

응용 : 門前成市 문전성시. 南門 남문. 大門 대문. 家門 가문. 關門 관문. 城門 성문. 部門 부문. 名門 명문. 水門 수문. 閉門 폐문. 杜門不出 두문불출. 各人自掃門前雪 각인자소문전설. 禍福無門, 唯人所召 화복무문, 유인소소.

門
문 두짝

쓰는순서 丨 冂 冂 冂 門 門 門 門　　8획

244

開

개: 열다(open)

kāi(카이)(开) カイ(카이)

열 개

금문의 자형 '開'은 '문'(門)에 '빗장'(一)이 걸려 있는데, 그것을 '두 손'(𠂇)으로 풀고 있는 모습이다. 본래의 뜻은 「문을 열다」이다. 문빗장과 두 손이 합쳐진 모습은 그 후 '𠓼→𠬞→开→开'처럼 변해 왔다. '문'은 집 안과 밖의 경계선에 설치되어 안과 밖을 구분하는 것인데, 그것을 열거나 닫는 것이 외부와 연결되거나 단절되는 출발점이 된다. 「시작하다」, 「통하다」 등의 뜻은 이로부터 파생된 것이다.

두 손으로
문빗장을
여는 모습

開
∨
문

응용 : 開校 개교, 開幕 개막, 開發 개발, 開放 개방, 開始 개시, 開業 개업, 開店 개점, 開票 개표, 開通 개통, 開化 개화, 未開 미개, 滿開 만개, 公開 공개, 再開 재개, 打開 타개, 開國功臣 개국공신, 一花開, 天下知春 일화개, 천하지춘.

쓰는 순서 丨 丨 丨 丨 門 門 門 開 開   12획

245

閉

한	폐: 닫다(close)
중	bì(삐)(闭)
일	ヘイ(헤이)

닫을 폐

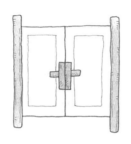

금문의 자형 '朋', '閂'는 문이 두 짝 있고 그 중간에 문빗장이 꽂혀 있는 모습으로, 본래의 뜻은 「문을 닫다」이다. 금문에서 문빗장의 모습은 '十' 또는 '中'이었는데, 그것이 후에 '十→干→才→才'로 잘못 변하는 바람에 본래의 모습을 알아보기 어렵게 되었다. 문을 닫는 것은 외부와의 단절을 뜻하는데, 이로부터 「막다」, 「감추다」, 「끝내다」 등의 뜻이 생겼다.

문빗장을
걸어 놓은 모습

문

응용 : 閉門 폐문, 閉店 폐점, 閉幕 폐막, 閉會 폐회, 閉業 폐업, 開閉 개폐, 幽閉 유폐, 隱閉 은폐, 密閉 밀폐, 閉口無言 폐구무언, 關門閉戶 관문폐호, 夜不閉戶, 路不拾遺 야불폐호, 노불습유, 閉門造車, 出門合轍 폐문조차, 출문합철.

 丨 冂 冂 門 門 門 閈 閉 11획

246

井

우물 정

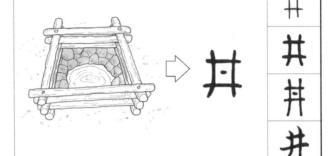

갑골문 자형 '𤰔, 𤰔' 등은 우물을 팔 때 주변의 흙이 무너져 내리는 것을 방지하기 위하여 나무로 난간을 만들어 얹어 놓은 모습임이 고대 유적지의 발굴로 밝혀졌다. 본래의 뜻은 「우물」이다(우리말 「우물」은 '움(穴)＋물(水)'의 합성어이다). 나무 난간의 모습을 본뜬 자형 '井'은 평면을 9등분하는 모양이므로, 이로부터 논밭을 '䖝' 모양으로 나누는 것을 '井田制'(정전제)라고 하게 되었다.

응용 : 井田 정전, 陷穽 함정, 井戸 정호, 天井 천정, 市井 시정, 水井 수정, 井底之蛙 정저지와, 井中視星 정중시성, 井蛙不可語海 정와불가어해, 學如穿井 학여천정, 臨渴掘井 임갈굴정, 直木先伐, 甘井先竭 직목선벌, 감정선갈.

井

우물 난간

쓰는 순서 一 二 丰 井   4획

247

貝

| 한 | 패: 조개(shellfish). 조가비(cowrie) |
| 중 | bèi(뻬이) | 일 | バイ(바이) |

조개 패

옛날 사람들은 크고 아름다운 바다조개 껍질로 목걸이 등 장식품을 만들거나(예:瓔 영 등), 거래를 할 때 '돈'으로 쓰거나(예:貨 화, 買 매 등), 귀중한 재산으로 쌓아 두었다(예:財 재, 貯 저 등). 갑골문과 금문의 자형들은 조개의 껍질 모양(ᠯ, ᠯ)이었으나, 후에 와서는 조개 속살이 밖으로 삐져 나온, 살아 있는 조개 모양(貝)으로 변하였다. '貝'는 부수자로 쓰여서 「돈」, 「재물」과 관련된 뜻을 나타낸다.

응용 : ① 負 부:지다·빚, 財 재:재물, 貧 빈:가난하다, 貨 화:재화·돈, 貪 탐:탐내다, 貯 저:쌓다, 買 매:사다, 資 자:재물, 賓 빈:손님. ② 貝類 패류, 貝殼 패각, 貝物 패물, 紫貝 자패, 珠貝 주패, 貝粉 패분, 貝貨 패화, 貝塚 패총.

조개 껍질

조개 속살

| 쓰는 순서 | 丨 冂 冂 目 目 貝 貝 | 7획 |

248

200

得

한 득: 얻다(gain)

중 dé(더) 反 失(실) 일 トク(토쿠)

얻을 득

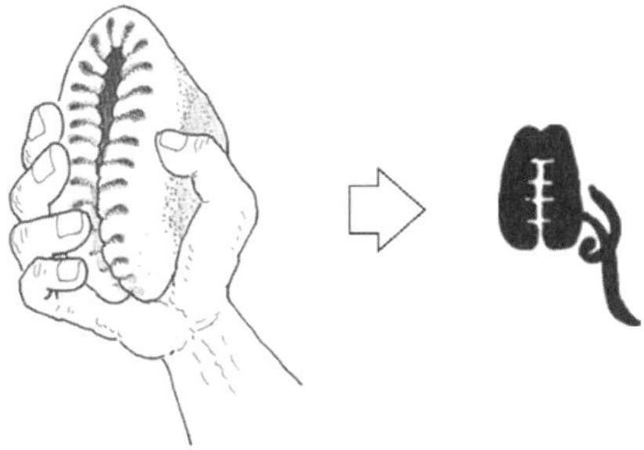

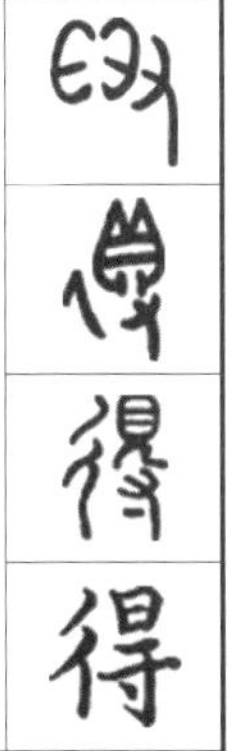

갑골문 자형 ‘ · ’ 등은 ‘조개껍질’(→貝)을 ‘손’(→又 또는 →爪)으로 잡고 있는 모습인데, 후에 ‘길’이나 ‘행동’, ‘획득’의 뜻을 나타내는 ‘行’(행)의 생략형 ‘ ’이 덧붙여져서 ‘ ’으로 쓰게 되었다. 옛날에는 조개껍질이 귀중한 재물 또는 돈으로 사용되었는데, 본래의 뜻은 「길을 가다가 돈이나 재물을 얻다(줍다)」이다. 조개 껍질을 손으로 잡고 있는 모습이 ‘ → → → → ’처럼 변해 왔다.

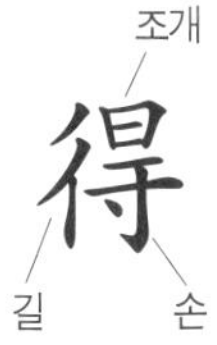

응용 : 得失 득실, 得意 득의, 得男 득남, 得勢 득세, 所得 소득, 利得 이득, 納得 납득, 獲得 획득, 一擧兩得 일거양득, 種瓜得瓜, 種豆得豆 종과득과, 종두득두, 愚者千慮, 必有一得 우자천려, 필유일득.

쓰는 순서 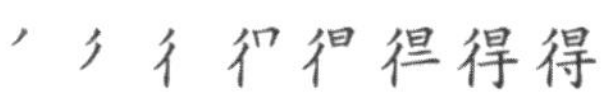 11획

井底之蛙(정저지와: 징 디 즈 와)

옛날에 사람이 찾지 않는 우물이 하나 있었습니다. 그 우물 속에는 개구리 한 마리가 살고 있었는데, 한 번도 우물 밖으로 나간 적이 없었습니다.

하루는 우물 입구에 바다 거북이 한 마리가 왔습니다. 개구리가 거북이에게 이렇게 자랑을 했습니다.

"내가 사는 이 우물은 정말 살기 좋은 곳이란다. 기분이 좋으면 우물 벽을 타고 팔짝팔짝 뛸 수 있고, 아래 있는 물 속에서 수영도 할 수 있단다. 얼마나 멋있는 곳이니! 너도 이리 내려와서 나랑 놀자꾸나."

하지만 거북이는 개구리에게 이렇게 말했습니다.

"내가 사는 바다는 얼마나 넓은지 물과 하늘이 구분이 안 될 정도란다. 또 바다는 끝을 알 수 없을 정도로 깊단다. 몇 년 동안 큰 가뭄이 들어도 바다의 물은 마르지 않고, 큰 홍수가 져도 바다는 넘치지 않는단다."

우물 속의 개구리는 거북이의 말을 듣고 너무나 놀라서 입을 다물지 못했답니다.

태어나서부터 죽 우물 속(井底)에서만 살았던 개구리가 어찌 바다의 깊이와 넓이를 헤아릴 수 있겠습니까? 개구리에게는 세상에서 우물이 가장 넓고 깊고 살기 좋은 곳일 수밖에 없었던 것입니다.

정저지와(井底之蛙)는 이 개구리처럼 견문이 적고 소견이 짧은 사람을 이르는 성어입니다. 〔출처:《史記·淮陰侯列傳》(사기·준음후열전)〕

〈한자풀이〉

井(정):우물.　底(저):밑.　之(지):~의.　蛙(와):개구리.

251

貯

한 저: 쌓다(store)
중 zhù(주)   일 チョ(쵸)

쌓을 저

지금의 자형은 '貝'(패)와 '宁'(저)로 되어 있다. '貝'는 본래 크고 아름다운 바다조개 껍질인데 돈이나 귀중한 재물을 나타내고, '宁'는 상자나 궤짝으로 귀중한 물건을 넣어두는 곳이다. 본래의 뜻은 「쌓아두다」, 「저장해 놓다」이다. 갑골문 자형 '㊉,㊉,㊉' 등은 상자 안이나 상자 아래에 돈이나 귀중한 물건(㊉→貝)이 있는 모습으로 되어 있다. 후에 상자의 모양 '㊉'이 '宁'(저)로 변하였다.

응용 : 貯金 저금. 貯蓄 저축. 貯藏 저장. 貯水池 저수지. 貯積 저적. 貯米 저미.

조개

貯
상자

쓰는
순서 丨 冂 冂 目 貝 貝 貯 貯 貯 貯   12획

252

202

玉

| 한 | 옥: 구슬(jade) |
| 중 | yù(위) | 일 | ギョク(교쿠) |

구슬 옥

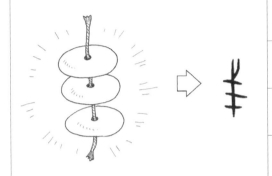

갑골문의 자형 '丰, 玤, 玤' 등은 여러 개의 옥(三)을
끈(│, 丫)으로 꿰어 놓았는데, 끈의 양쪽 끝이 길게 나
와 있는 모양이다. 본래의 뜻은 아름다운 보석의 일종
인「옥」이다. 같은 크기의「옥」들을 꿰어 놓으면 그들
사이의 간격이 일정하다. 그래서 처음에는 완전한 옥
을 '玉', 흠이 있는 옥을 '玉'으로 썼으나, 후에 와서
'王'(왕:玉 →王 →王)과의 구별을 위하여 '玉'으로
쓰게 되었다(* '王' 왕 참조).

응용 : 玉色 옥색, 玉水 옥수, 玉指 옥지, 玉兎 옥토, 美玉 미옥,
白玉 백옥, 珠玉 주옥, 金枝玉葉 금지옥엽, 金科玉條 금
과옥조, 玉石難分 옥석난분, 昆倫失火, 玉石俱焚 곤륜
실화, 옥석구분, 他山之石, 可以攻玉 타산지석, 가이공옥.

쓰는 순서 一 二 千 王 玉 　5획

253

金

한	금: 쇠(metal). 금(gold)
중	jīn(찐)
일	キン(킨) · コン(콘)

쇠 금

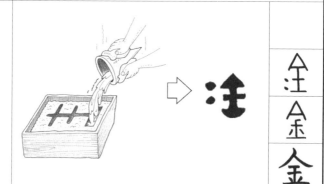

금문의 자형 '⽴', '⾦', '⾦', '金' 등은 '△'과 '土'와 ' ⸭'으로 되어 있다. 여기서 '△'은 곧 '今'(금: 갑골문 A, A)으로, 도가니(坩鍋)를 거꾸로 기울여서 '쇳물'을 붓고 있는 모습 '✦'인 동시에 '금'이란 소리를, '土'은 주형(範)을, ' ⸭'은 '쇳덩어리'와 동시에 '쇳물의 주입구'를 나타낸다는 설명이 가장 그럴 듯하다. 본래의 뜻은 「구리」(銅)이다. 후에 와서 「황금」을, 그리고 다시 「금속 일반」을 가리키게 되었다.

응용 : 金銀 금은. 金言 금언. 金利 금리. 金錢 금전. 金貨 금화. 現金 현금. 代金 대금. 送金 송금. 貯金 저금. 合金 합금. 收金 수금. 純金 순금. 砂金 사금. 金丸彈雀 금환탄작. 千金之珠. 必在九重淵 천금지주. 필재구중연.

도가니

金

쇳덩이   주형 틀

쓰는 순서 ノ 人 스 슸 슸 슸 슸 金   8획

254

204

卜

한 복: 점치다(predict)

중 bǔ(부) 일 ボク(보쿠)

점 복

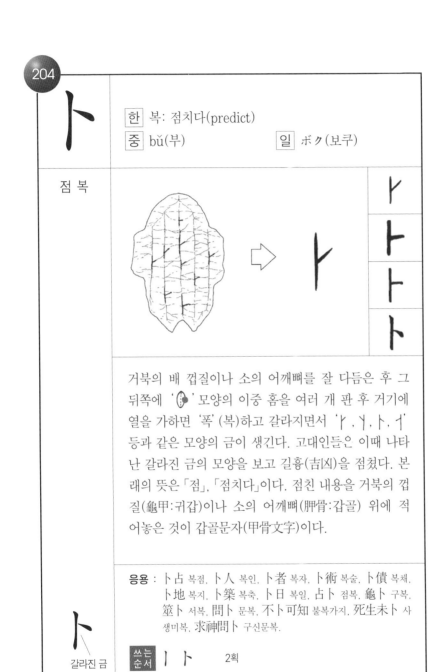

거북의 배 껍질이나 소의 어깨뼈를 잘 다듬은 후 그 뒤쪽에 '⟨⟩' 모양의 이중 홈을 여러 개 판 후 거기에 열을 가하면 '폭'(복)하고 갈라지면서 'ㅏ, ㅑ, ㅏ, ㅓ' 등과 같은 모양의 금이 생긴다. 고대인들은 이때 나타난 갈라진 금의 모양을 보고 길흉(吉凶)을 점쳤다. 본래의 뜻은「점」,「점치다」이다. 점친 내용을 거북의 껍질(龜甲:귀갑)이나 소의 어깨뼈(胛骨:갑골) 위에 적어놓은 것이 갑골문자(甲骨文字)이다.

응용 : 卜占 복점, 卜人 복인, 卜者 복자, 卜術 복술, 卜債 복채, 卜地 복지, 卜築 복축, 卜日 복일, 占卜 점복, 龜卜 구복, 筮卜 서복, 問卜 문복, 不卜可知 불복가지, 死生未卜 사생미복, 求神問卜 구신문복.

갈라진 금

쓰는 순서 ㅣ 卜 2획

255

205

占

| 한 | 점: 점치다(predict). 차지하다(occupy) |
| 중 | zhān(잔) | 일 | セン(센) |

점칠 점
차지할 점

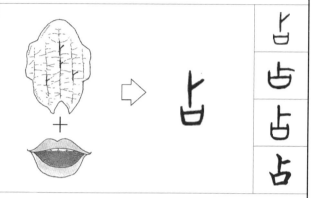

자형은 '卜'과 '口'로 되어 있다. 본래의 뜻은 「점을 쳐서 신령의 뜻(즉, 길흉)을 알아보다」이다. 아래의 '口'는 점쟁이가 신령의 뜻을 말해 준다는 것을 나타낸다. 옛날 사람들은 제사, 사냥, 농사, 질병, 출산, 꿈 등뿐만 아니라 바람, 비, 날씨까지 신령이 좌우한다고 생각하여 점을 쳤다. 이로부터 「묻다」, 「차지하다」(占有)는 뜻도 생겼다(즉, 신의 뜻을 미리 안다 → 차지할 수 있다).

응용 : 占卜 점복. 占星 점성. 占術 점술. 占兆 점조. 占卦 점괘. 卜占 복점. 占領 점령. 占有 점유. 占用 점용. 獨占 독점. 先占 선점. 私占 사점. 鳩占鵲巢 구점작소.

갈라진 금

입

쓰는 순서   丨 ㅏ ㅑ 占 占   5획

256

示

한	시: 보이다(show)	
중	shì	일 ジ(지) · シ(시)

보일 시

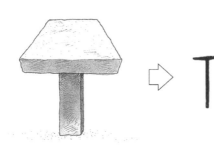

갑골문 자형 'ㅜ, ㅜ' 등은 제사지낼 때 제물을 올려
놓는 「제단」의 모습이다. 후에 'ㅜ, ㅜ' 옆에 작은
점을 덧붙여서 (ㅠ, ㅠ, 示, 示) 제수품이나 술을 나
타냈다. 특히, 제수품으로 고기(肉)를 올려놓는 것이
'祭' (제)이나. '示' 는 부수자로 쓰여서 '제단', '신주'
(神主), '제사', '기도' 등과 관련이 있는 한자를 만든
다. 「보이다」는 뜻은 「귀신이 응하여 미래의 일을 보
여주다」는 뜻을 나타낸 것이다.

제단
示
제수품·술

응용 : ① 神 신:신, 祀 사:제사, 社 사:사직, 祝 축:축하하다, 祖
조:조상, 祭 제:제사, 福 복:복. ② 告示 고시, 展示 전시,
明示 명시, 指示 지시, 表示 표시, 誇示 과시, 啓示 계시,
示範 시범, 示威 시위, 示現 시현, 梟首示衆 효수시중.

쓰는 순서 ー 二 亍 示 示   5획

宗

한	종: 종묘(shrine). 겨레(clan)
중	zōng(쭝)
일	シュウ(슈-) · ソウ(소-)

종묘 종
겨레 종

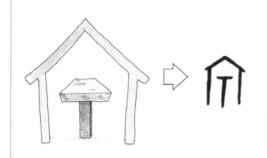

갑골문 자형 '𠆢·𠆢' 등은 '집'(𠆢→宀) 안에 '제단'(丅·丅→示)이 있는 모습이다. '집' 안에 '제단'을 설치해 두고 그 위에 조상들의 신주(神主)를 모시고 제사지내는 모습으로, 본래의 뜻은 「사당」(祠堂), 「종묘」(宗廟)이다. 이로부터 「조상」, 「종족」, 「갈래」, 「근본」 등의 뜻이 생겼다. 옛날부터 「종묘」는 왕궁의 왼쪽에, 「사직단」(社稷壇)은 오른쪽에 세웠다. 경복궁에서 남쪽을 향해 보면 종묘는 왼쪽에 사직공원은 오른쪽에 있다.

응용 : 宗家 종가, 宗主國 종주국, 宗敎 종교, 宗廟 종묘, 宗派 종파, 宗氏 종씨, 宗法 종법, 宗孫 종손, 宗族 종족, 宗親 종친, 宗師 종사, 改宗 개종, 天台宗 천태종, 曹溪宗 조계종, 萬物之宗 만물지종, 覆宗滅祀 복종멸사.

집

宗

제단

쓰는 순서 ` ´ ㅡ ㄜ ㄠ ㄓ ㅍ 宗 宗   8획

祭

| 한 | 제: 제사지내다(offer a sacrifice to) |
| 중 | jì(찌) | 일 | サイ(사이) |

제사지낼 제

자형은 '夕'과 'ㅋ'가 '示' 위에 있는 모습이다. 이를 갑골문 자형 '𣳆, 𣳆, 𦏲, 𣴎' 등과 대비해 보면, '고기'(ㅂ→夕→夕)를 '손'(ㅋ→ㅋ)으로 잡아 '제단'(丁→示, 示) 위에 올려놓는 모습이다. 본래의 뜻은 「신에게 제사지내다」이다. 갑골문에 있는 몇 개의 점들은 ① 고기에서 떨어지는 피라는 설과, ② 익힌 고기를 잘게 뜯어서 제단에 바치는 모습이란 설이 있다.

응용 : 祭物 제물, 祭文 제문, 祭祀 제사, 祭壇 제단, 祭典 제전, 祭禮 제례, 祭器 제기, 祭具 제구, 祭肉 제육, 祭酒 제주, 祭主 제주, 祭政 제정, 祝祭 축제, 時祭 시제, 血祭 혈제, 大祭 대제, 天子祭天, 諸侯祭土 천자제천, 제후제토.

고기 손

제단

쓰는 순서 　ク 夕 夕 奸 奴 奴 奴 奴 奴 奴 祭　11획

259

豆

한 두: 제기, 콩(bean)

중 dòu(떠우)   일 トウ(토-)・ズ(주)

제기 두
콩 두

고문의 자형들(𣅀, 𣅀, 𣅀, 𣅀)은 모두 위에는 뚜껑이 있고, 아래에는 높고 둥근 다리가 있는, 음식을 담아 놓는 그릇의 모습이다. 본래의 뜻은「제사 때 음식, 특히 고기(肉)를 담아 놓는 그릇」, 곧「제기(祭器)」이다. 이것을 곡물의 일종인「콩」(豆菽)이란 뜻으로 쓰게 된 것은 한대(漢代) 이후부터이다.

응용 : 豆肉 두육, 木豆 목두, 俎豆 조두, 登豆 등두, 豆類 두류, 豆箕 두기, 豆腐 두부, 煮豆燃箕 자두연기, 種瓜得瓜, 種豆得豆 종과득과, 종두득두, 繁物各自有根本, 種瓜終不生豆苗 번물각자유근본, 종과종불생두묘.

그릇의 입

豆

제기 받침

쓰는 순서 一 丆 亓 戸 戸 戸 豆   7획

210

豊

한 풍: 풍성하다(abundant)

중 fēng(펑)(丰)　　일 ホウ(호-)

풍성할 풍

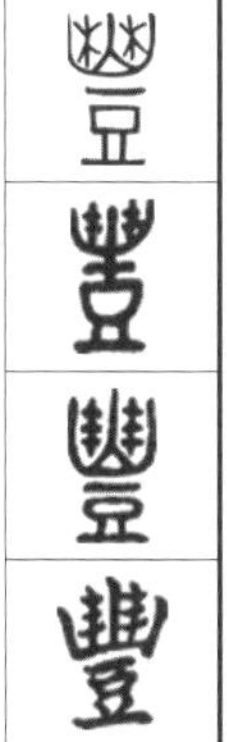

자형은 '豆' 위에 '曲'이 있는 모습이다. 갑골문 자형 '　·　' 등은 '　' 모양의 그릇 안에 조, 수수 등 잘 익은 곡식 이삭(　,　)을 가득 담아서 '제기'(豆) 위에 올려 놓은 모습으로, '　' 또는 '　'이 후에 '曲'(곡)으로 정리되었다. 본래의 뜻은 「풍성하다」, 「넉넉하다」, 「많다」, 「풍년」 등이다. '禮'(례)의 오른쪽 부분과 현재의 모양은 같으나 그 근원과 소리는 서로 다르다.

그릇에 곡식을 담아 놓은 모습

豊

제기

응용 : 豊滿 풍만, 豊富 풍부, 豊盛 풍성, 豊漁 풍어, 豊年 풍년, 豊饒 풍요, 豊足 풍족, 豊作 풍작, 豊凶 풍흉, 豊富多彩 풍부다채, 豊衣足食 풍의족식, 五穀豊熟 오곡풍숙, 羽毛豊滿 우모풍만, 茂林之下無豊草 무림지하무풍초.

쓰는 순서  13획

金石爲開(금석위개: 찐 스 웨이 카이)

    옛날, 중국 한(漢) 나라 때 이광(李廣)이란 용감한 장군이 살았는데, 활솜씨가 뛰어나기로 유명했습니다. 이광은 사냥을 무척이나 좋아해서 형제들과 함께 자주 사냥터를 찾아 다녔습니다.

    그날도 이광은 여느 때처럼 동생과 사냥을 하러 나섰습니다. 명산(冥山)이란 곳에 이른 일행은 저쪽 수풀 아래에 커다란 호랑이 한 마리가 누워 있는 것을 보았습니다. 이광은 정신을 집중하고 숨결과 활시위를 가다듬은 다음 그 호랑이를 향해 날쌔게 화살을 날렸습니다. 과연 화살은 명중해 호랑이의 몸통을 뚫고 들어가 깊숙히 박혔습니다. 하지만 이상했습니다. 화살을 맞은 호랑이는 보통 고통에 몸을 뒤틀거나 천둥같은 울음소리를 내지르는데, 이 호랑이는 꿈쩍도 하지 않는 것이었습니다. 이광은 믿기 어려운 듯 몇 발자국 뒤로 물러서서 다시 화살을 여러 발 날려 보았습니다. 그러자 화살들이 호랑이의 몸에서 튕겨나와 부러지는 것이 아니겠습니까?

사실 그 호랑이는 호랑이 모양을 한 바위였을 뿐이었습니다. 이광이 첫 번째 화살을 쏠 때는 정신력과 집중력이 극도로 강했기 때문에 그 화살이 바위를 뚫었던 것입니다.

훗날 사람들은 무쇠 같은 바위가(金石) 갈라진(爲開) 이 이야기를 빌어, 정신을 집중하여 전력을 다하면 불가능한 일은 없다는 교훈으로 인용하곤 하였습니다.〔출처:《新序·雜事四》(신서·잡사사)〕

〈한자풀이〉

金(금): 쇠.　石(석): 돌.　爲(위): ～이 되다.
開(개): 열리다, 갈라지다.

263

211

禮

한	례: 예식(ceremony). 예절(etiquette)
중	礼(리)(礼)
일	レイ(레이) · ライ(라이)

예 례

자형은 '示'와 '豊'(례)로 되어 있다. '示'는 제단의 모습으로, 제사와 관련된 것임을 나타내고, '豊'(례) 는 소리와 함께 뜻을 나타내는데, 「풍성하다」는 뜻의 '豊'(풍)과 지금의 자형은 같으나 갑골문 자형 '豊· 豊' 등은 여러 꿰미의 '옥'(玨)을 '그릇'(ㅂ)에 담 아서 '제기'(豆) 위에 올려 놓고 제사를 지내는 모습 이다. 본래의 뜻은 제사지낼 때의 여러 가지 「의식」인 데, 이로부터 「예절」, 「예의」란 뜻이 생겼다.

옥이 담긴
그릇을 제기에
올려 놓은 모습

제단

응용 : 禮儀 예의. 禮式 예식. 禮拜 예배. 禮節 예절. 禮物 예물. 禮法 예법. 禮服 예복. 答禮 답례. 無禮 무례. 目禮 목례. 崇禮 숭례. 婚禮 혼례. 失禮 실례. 禮義生於富足 예의생 어부족. 克己復禮 극기복례. 繁文縟禮 번문욕례.

쓰는
순서 二 亍 示 示 示禮 禮禮禮 18획

264

212

酉

한 유: 술 항아리(jar)

중 yǒu(요우)　　일 ユウ(유-)

술 항아리 유

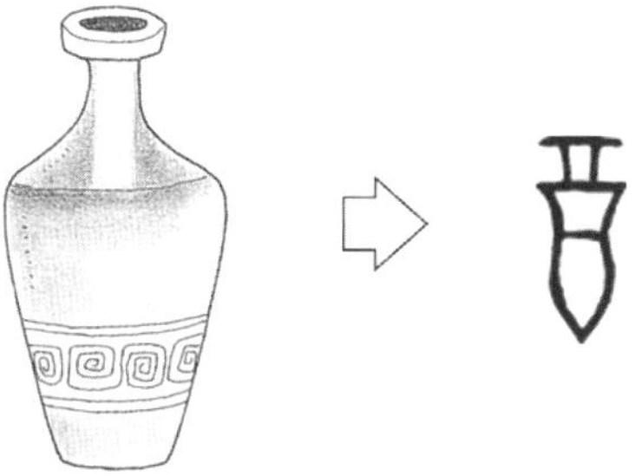

갑골문의 자형 ‘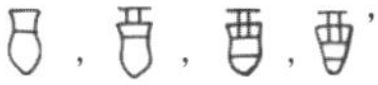’ 등은 모두 ‘술병’ 또는 ‘술 항아리’의 모양이다. 그리고 금문에서는 이 술병의 모양 ‘’ 자체를 ‘술’(酒:주)이란 뜻으로 쓰고 있다. 이 ‘酉’(유)가 부수자로 들어 있는 한자는 모두 ‘술’과 관련이 있다. 본래의 뜻은 「술병」, 「술」이었다. 후에 와서 ‘酉’는 열번째 지지(地支: ‘닭띠 해’의 ‘△酉年’)로 가차되었다.

술병 아가리
酉
술병

응용 : 酋 추:술·추장, 酌 작:술 따르다, 配 배:배합하다·나누다, 酒 주:술, 酎 주:진한술, 酣 감:술 즐기다, 酬 수:잔 돌리다, 酸 산:신맛, 醉 취:취하다, 醜 추:추하다, 醴 례:단술, 醫 의:술로 마취를 시켜서 병을 고치다.

쓰는 순서  7획

213

酒

한 주: 술(liquor, wine)
중 jiǔ(지우)　　　일 シュ(슈)

술 주

자형은 '氵'(水:물)와 '酉'(유)로 되어 있다. '酉'는 본래 '술병' 또는 '술항아리'의 모습으로 「술」이란 뜻을 나타낸다. '酉'가 후에 10번째 지지(地支)로 가차되자, 다시 술병 옆에 술이 흘러내리고 있는 모습으로 「술」이란 뜻을 나타냈다(㳂→㳂→酒). 술은 신과 사람을 하나로(神人一體) 만들어 주는 매개물이라고 생각하여, 제사 때는 대부분 술을 바쳤다(최초로 술을 만든 사람은 우(禹) 임금 때의 의적(儀狄)이란 사람이라고 한다).

응용 : 酒客 주객, 禁酒 금주, 洋酒 양주, 麥酒 맥주, 淸酒 청주, 名酒 명주, 飮酒 음주, 酒量 주량, 甘酒 감주, 穀酒 곡주, 勸酒 권주, 美酒佳肴 미주가효, 酒逢知己千杯少, 話不投機半句多 주봉지기천배소, 화불투기반구다.

물(水)

酒

술병

쓰는순서 ` ` 氵 氵 汀 沂 洒 洒 酒　10획

266

冊

한	책: 책(book)
중	cè(처)
일	サツ(사츠)・サク(사쿠)

책 책

자형은 '𩰊' 또는 '𠁁'과 '一'로 되어 있다. 갑골문과 금문의 자형 '𠁁, 𠁁, 𠁁' 등은 대나무 조각들(𠁁→𠁁 → 𠁁 : 竹簡)을 노끈이나 가죽끈(⌒→一 : 韋編) 등으로 묶어 놓은 모양인데, 종이가 없었던 옛날에는 얇게 쪼개어 다듬은 '대나무 조각'에 글을 쓴 후 그것을 '가죽끈'으로 묶어서 「책」을 만들었다. 본래의 뜻은 「책」이다. '冊' 처럼 쓴 자형도 있다.

응용 : 冊房 책방, 冊價 책가, 別冊 별책, 分冊 분책, 書冊 서책, 冊卷 책권, 冊庫(＝書庫) 책고, 簡冊 간책, 冊床 책상, 冊張 책장, 垂名史冊 수명사책.

죽간

冊

끈

| 쓰는순서 | ㅣ 冂 冂 冊 冊 | 5획 |

215

典

한 전: 책(book)
중 diǎn(디엔)　일 テン(텐)

책 전

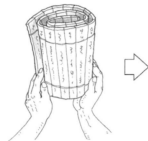

지금의 자형 '典'을 갑골문의 자형 '𢍏, 𢍏, 𢍏' 등
과 대비해 보면, 윗부분의 '曲'은 '冊'(→冊:책)의
변형이고, 아래의 '丌'은 '𠬞'(𠬞→廾→丌–丌:
두 손)의 변형임을 쉽게 알 수 있다. 두 손으로 책을
받들고 있는 모습으로, 본래의 뜻은「중요한 책」,「중
요한 문헌」이다.「법률」이나「제도」,「규칙」등 중요한
내용이 적혀 있는 '冊'이 곧 '典'이다.「바르다」는 뜻
도 있다.

응용 : 法典 법전, 古典 고전, 經典 경전, 辭典 사전, 詞典 사전,
事典 사전, 書典 서전, 字典 자전, 典範 전범, 典型 전형,
典故 전고, 出典 출전, 有典有則 유전유칙, 典章文物 전
장문물, 不易之典 불역지전, 坑儒焚典 갱유분전.

쓰는 순서 ㅣ 冂 冃 冉 曲 曲 典 典　8획

책(冊)

典

두 손

268

工

한 공: 일하다(work). 장인(worker)

중 gōng(꽁)

일 コウ(코-)・ク(쿠)

갑골문(舌, 꿈, 工)과 금문(工, 工, 工, 工, 工)의 자형들은 나무를 베거나 깎는 데 쓰는 '도끼'의 모습으로, 본래의 뜻은 「일하다」, 「장인」이다. 인류가 한 곳에 정착한 후 가장 먼저 했던 일은 도끼로 나무를 베는 것이었다. 베어낸 나무로 집뿐만 아니라 온갖 물건을 만들었다. 그래서 '도끼'의 모습으로 「일」, 「장인(匠人)」, 「공작」, 「공사」 등의 뜻을 나타냈다. 「곱자」(矩:구) 또는 「모루」가 본래의 모양이라는 설명도 있다.

응용 : 木工 목공, 加工 가공, 女工 여공, 職工 직공, 石工 석공, 工兵 공병, 工事 공사, 工藝 공예, 工場 공장, 工學 공학, 士農工商 사농공상, 神工鬼斧 신공귀부, 工欲善其事 必先利其器 공욕선기사, 필선리기기.

쓰는 순서 一 丁 工   3획

도끼

工

269

| 한 | 사: 선비(scholar). 무사(soldier) |
| 중 | shì(스) | 일 | シ(시) |

벼슬 사
선비 사

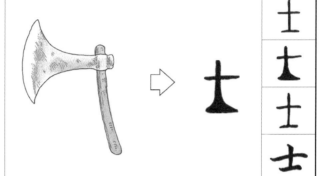

금문의 자형 '土, 土, 土' 등은 날이 아래로 향한 도끼의 모습이다. 큰 도끼의 모습(王, 王)으로 큰 권력을 상징한 것이 '王'(왕)자이듯이, 작은 도끼로 형벌(刑罰)의 집행을 주관하는 권위를 상징한 것이 '士' 자이다. 본래의 뜻은 「형관(刑官)」 또는 왕을 호위하는 귀족 「무사(武士)」이다. 이로부터 「병사」, 「벼슬하다」, 「남자」 등의 뜻이 생겼다. 본래의 모습은 「남자의 생식기」라고 하는 설도 있다(*'土'토 참조).

응용 : 人士 인사, 道士 도사, 博士 박사, 辯護士 변호사, 武士 무사, 學士 학사, 進士 진사, 義士 의사, 紳士 신사, 烈士 열사, 士卒 사졸, 士大夫 사대부, 士官 사관, 士兵 사병, 執鞭之士 집편지사, 士爲知己者用 사위지기자용.

도끼자루

도끼날

쓰는 순서 一 十 士   3획

218

王

한 왕: 임금(king)
중 wáng(왕) 일 オウ(오-)

임금 왕

고대에는 전쟁에 나가는 장군에게 왕이 권위의 상징으로 큰 '도끼'를 주면서 군의 최고통수권을 부여했다. 고문의 자형 '玉, 玉, 玉, 玊'은 넓은 날이 아래로 향하고 있고, 위에는 자루가 있는 큰 도끼의 모습으로, 왕의 절대권력을 상징했다. 본래의 뜻은 「왕」이다. 나무 베는 도끼가 'エ'(공), 「형관」이나 「무사」의 신분을 상징한 도끼가 '士'(사), 절대 권력을 상징한 「왕」의 도끼가 '王'이다.

응용 : 王家 왕가, 王冠 왕관, 王國 왕국, 王宮 왕궁, 王子 왕자, 王道 왕도, 王孫 왕손, 王位 왕위, 王朝 왕조, 王政 왕정, 帝王 제왕, 國王 국왕, 君王 군왕, 大王 대왕, 女王 여왕, 聖王 성왕, 天無二日, 民無二王 천무이일, 민무이왕.

손잡이

큰 도끼날

쓰는순서 一 二 千 王   4획

車

한	차: 차(vehicle. car). 거: 수레(cart)
중	chē(처)(车)
일	シャ(샤)

차 차
수레 거

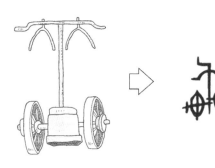

갑골문 자형 '꽃, 꽃, 公' 등은 '바퀴'(輪:륜), '차축'(軸:축), '끌채'(轅:원), 끌채 끝의 '횡목'(衡:형), '차체'(輿:여) 등의 모습이 생생한 「수레」, 「차」의 모습이다. 갑골문에서는 가로로 놓여 있던 차축(軸)이 금문에서부터 '꽃, 꽃, 車'처럼 세로로 놓여지면서 나중에는 '차축'과 '바퀴' 하나와 바퀴통 양쪽 끝의 고정쇠만 남은 모습으로 변했다. '車馬'(거마), '人力車'(인력거) 등의 경우에는 '거'로, 다른 경우에는 대부분 '차'로 읽는다.

응용 : 車庫 차고. 車道 차도. 車輛 차량. 車費 차비. 車窓 차창. 車票 차표. 客車 객차. 貨車 화차. 汽車 기차. 空車 공차. 上車 상차. 下車 하차. 乘車 승차. 風車 풍차. 電車 전차. 戰車 전차. 前車之覆. 後車之鑑 전거지복. 후거지감.

고정쇠
바퀴

차축

쓰는순서 一 厂 厅 厉 旨 亘 車   7획

219

舟

한 주: 배(boat)

중 zhōu(쩌우)

일 シュウ(슈)

배 주

갑골문(月, 巳, ⼝)과 금문(⼝, 巳, 月)의 자형들은 모두 가운데가 깊게 들어간 작은 거룻배의 모습으로, 본래의 뜻은 「배」이다. 자형은 '月 → 月 → 月 → 月 → 舟'의 순서로 변해 왔다. 이 '舟'와 소리를 나타내는 '㕣'(연:계곡물이 흐르는 모양)이 합하여져 만들어진 '船'(선)도 역시 「배」란 뜻이다. 「배」의 모양이 '月 → 月 → 月'처럼 변해서 된 한자들도 있다(*前 전, 俞 유 참고). 지금의 「나룻배」에 해당한다.

응용: 舟遊 주유, 舟行 주행, 虛舟 허주, 方舟 방주, 輕舟 경주, 一葉片舟 일엽편주, 刻舟求劍 각주구검, 吳越同舟 오월동주, 同舟共濟 동주공제, 君舟臣水 군주신수, 呑舟之魚不游支流 탄주지어불유지류.

선수
칸막이

선미

쓰는 순서 ' ⼃ ⼌ ⼌ 月 舟 6획

酒池肉林(주지육림: 지우 츠 로우 린)

　　아주 먼 옛날 중국 상(商) 나라에 주(紂)라는 이름을 가진 왕이 있었습니다. 주왕은 사치와 놀음에 정신이 팔려 나라 다스리는 일을 소홀히하여, 결국은 상 나라를 멸망에 이르게 한 장본인입니다. 주왕은 백성의 재물, 양식 등을 닥치는 대로 빼앗아 자기 배를 채웠을 뿐만 아니라, 사방에서 진귀한 보석을 수집하여 궁전을 화려하게 장식하기도 했습니다.

주왕의 못된 짓은 여기서 그치지 않았습니다. 향락을 위해 주왕은 사구(沙丘)라는 곳에 연못을 만들어 술을 가득 채우고(酒池), 고기 덩어리를 나무에 매달아 숲을 이루게 하였습니다(肉林). 그리고 발가벗은 남자와 여자가 그 연못과 숲 사이를 밤낮을 가리지 않고 뛰어 놀도록 분부하였습니다. 그리고는 자신은 밤새도록 술을 마시면서 그 광경을 지켜보며 즐거워하였습니다.

이렇게 향락에 빠진 나날을 보내던 주왕은 마침내 주(周) 나라 무왕(武王)의 침공을 받아 나라를 빼앗기고, 자신은 목숨을 잃는 비참한 최후를 맞이했습니다.

주왕의 이야기에서 비롯된 '주지육림'(酒池肉林)은 지나친 사치와 향락을 묘사하는 성어가 되었습니다. 후세 사람들은 주왕의 '주지육림'을 떠올리며 몸가짐을 바로 하는 교훈으로 삼기도 했습니다.〔출처:《史記·殷本紀》(사기·은본기)〕

〈한자풀이〉

酒(주):술. 池(지):연못. 肉(육):고기. 林(림):숲.

275

般

한	반 : 빙빙 돌다(linger). 일반(general)
중	bān(빤)
일	ハン(한)

돌 반
일반 반

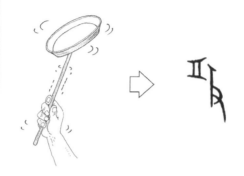

자형은 '舟'(주)와 '殳'(수:몽둥이)로 되어 있으나, 자형의 변화과정을 소급해 보면 '般 → 𣪊 → 𣪊· 𣪊 → 𣪊· 𣪊· 𣪊' 등과 같다. 갑골문의 자형들은 손에 수저를 들고(殳), 쟁반이나 접시(舟) 속의 음식물을 뜨는 모습, 또는 손에 막대를 잡고 접시를 돌리고 있는 모습으로, 본래의 뜻은 「돌다」, 「돌리다」이다. 쟁반 속의 음식을 먹거나 접시돌리기는 즐거운 일이므로, 「즐기다」는 뜻이 생겼다. 「손에 노를 잡고 배를 돌리는 것」이 본래의 뜻이란 설명도 있다.

응용 : 般旋 반선, 般樂 반락, 今般 금반, 百般 백반, 全般 전반, 萬般 만반, 一般 일반, 諸般 제반, 萬般準備 만반준비, 萬般皆下品 만반개하품.

접시   막대

般

손

쓰는
순서 `丿 丿 丿 月 月 舟 舟 般 般`   10획

276

戈

한	과:창(lance)
중	gē(꺼)
일	カ(카)

창 과

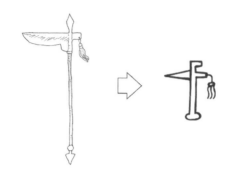

고대의 대표적 전쟁용 무기인「창」(戈)의 갑골문(千, 千)과 금문 (戈, 戈, 戈)의 자형들은, 창날이 위와 옆 두 쪽으로 난, 찌르거나 낚아 채는 데 쓰는「창」의 모습으로, 본래의 뜻은「창」이다. 이것이 후기 금문부터 '戈 → 千 → 戈 → 戈' 처럼 변하는 바람에 본래의 모습을 알아보기 어렵게 되었다. '戈' 가 들어 있는 한자는 모두 '무기', '싸움', '전쟁' 등과 관련이 있다.

응용 : ① 戌 수:지키다. 戎 융:싸움. 成 성:이루다. 戒 계:경계하다. 戰 전:전쟁. ② 干戈 간과. 兵戈 병과. 止戈 지과. 倒戈 도과. 矛戈 모과. 戈戟 과극. 止戈爲武 지과위무. 解甲倒戈 해갑도과. 執干戈以衛社稷 집간과이위사직.

쓰는 순서 一 弋 戈 戈   4획

277

伐

한	벌: 베다(cut). 치다(attack)
중	fá(파)
일	バツ(바츠)

칠 벌

자형은 'イ'(人)과 '戈'(과)로 되어 있다. 갑골문 자형 '𢦏, 𢦏 ,𢦏 ' 등은 창날(𠂤)이 사람(𠂤·𠂤) 의 목을 쳐서 꿰 뚫은 모습이다. 본래의 뜻은 「창(戈) 으로 사람(人)의 목을 쳐서 베다」, 「치다」이다. 한꺼 번에 두 사람의 목을 베는 자형도 있다. 이로부터 나 무나 풀을 베거나 적을 치는 것도 '伐'이라 하게 되었 다. 「공로」, 「자랑하다」 등의 뜻은 본래의 뜻에서 파생 된 것이다.

응용 : 伐木 벌목, 伐草 벌초, 伐採 벌채, 盜伐 도벌, 征伐 정벌, 討伐 토벌, 殺伐 살벌, 不伐其功 불벌기공, 南征北伐 남 정북벌, 黨同伐異 당동벌이, 直木先伐, 甘井先竭 직목선 벌, 감정선갈, 國必自伐, 而後人伐之 국필자벌, 이후인벌지.

사람

창

쓰는순서 ノ イ 亻 代 伐 伐   6획

戍

지킬 수

한 수:지키다(defend)
중 shù(戍)
일 ジュ(쥬)

자형은 '戈'의 왼쪽에 'ﾉ\'(人)이 있는 모습이다. 갑골문 자형 '戍, 戍' 등은 사람(亻)이 창(千) 아래에 서 있는 모습으로, 본래의 뜻은「창을 들고 변경을 지킨다」이다. '伐'(벌)은 외부로 나가 적을 '공격한다'는 뜻이지만, '戍'는 외부의 적으로부터 '방어한다'는 뜻이다. 국경을 지키는 병사 또는 지키는 일을 우리말로 '수(戍)자리'라고 하는 것은 이로부터 생긴 것이다(*戌 술과 혼동하기 쉬운 자이니 주의).

응용 : 戍夫 수부, 戍兵 수병, 戍士 수사, 戍役 수역, 戍樓 수루, 戍邊 수변, 戍守 수수, 戍甲 수갑, 衛戍令 위수령, 獨坐戍樓 독좌수루.

쓰는 순서 　一 厂 圧 戍 戍 戍　　6획

창
戍
사람

225

矛

한	모: 창(lance)
중	máo(마오)
일	ㅅ(무)

창 모

 ⇨

금문의 자형 '手, 手' 등은 끝이 뾰죽하고, 양쪽으로 날이 있어서 찌르기에 적합한 무기의 모양이다. 인류가 석기시대부터 사용하였던 대표적인 무기가 이런 종류의 「창」이다. 긴 자루 끝에 세모 모양의 창(↑: ↑→手)이 달려 있고, 그 아래에는 한쪽 또는 양쪽으로 고리가 달려 있어서, 그곳에 끈을 매달아 세워 두기에 좋게 하였다. 소전 이후 고리에 매단 끈이 너무 강조되어 본래의 모습을 찾아보기 어렵게 되었다.

응용 : 矛盾 모순. 矛戈 모과. 矛戟 모극. 夷矛 이모:대나무 창. 利矛 이모. 自相矛盾 자상모순. 矛盾相向 모순상향.

찌르는 창
矛
자루
매대는 끈

쓰는 순서　ㄱ ㄱ ㄲ 予 矛　　5획

280

弓

한	궁: 활(bow)
중	gōng(꿍)
일	キュウ(큐-)

활 궁

갑골문의 자형 'ᷤ, ᷤ, ᷤ, ᷤ' 등은 활의 몸체(ᷤ) 와 활시위(ᷤ)와 활의 머리 부분의 장식(ᷤ)으로 나타 낸 「활」의 모습이다. 후에 와서 활시위는 생략되고 몸 체와 장식만 붙어 있는 모습(ᷤ)으로 된 후 다시 'ᷤ ᷤ → ᷤ → ᷤ → 弓' 처럼 변했다. 활의 몸체는 자형 처럼 구부러져 있다. 그래서 '弓'에는 「활처럼 굽다」, 「활처럼 굽어 있는」 등의 뜻도 있다.

응용 : 弓矢 궁시, 弓術 궁술, 弓手 궁수, 弓形 궁형, 弓身 궁신, 弓弦 궁현, 弱弓 약궁, 强弓 강궁, 石弓 석궁, 楚弓楚得 초궁초득, 飛鳥盡良弓藏: 狡兎死走狗烹 비조진양궁장: 교토사주구팽, (鳥盡弓藏, 兎死狗烹 조진궁장, 토사구팽).

弓

활의 몸체

| 쓰는순서 | ᄀ ᄀ 弓 | 3획 |

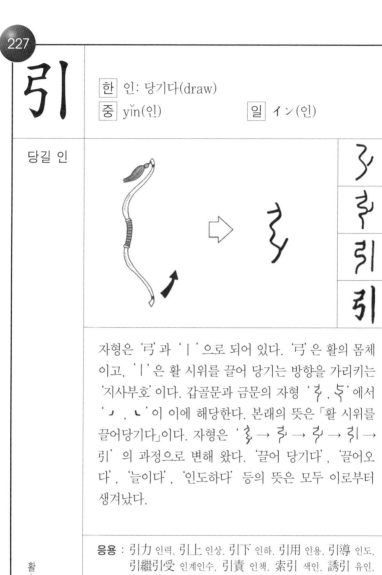

227

引

한	인: 당기다(draw)
중	yǐn(인)
일	イン(인)

당길 인

활

引

당기는 방향

자형은 '弓'과 'ㅣ'으로 되어 있다. '弓'은 활의 몸체이고, 'ㅣ'은 활 시위를 끌어 당기는 방향을 가리키는 '지사부호'이다. 갑골문과 금문의 자형 '弓, 弓'에서 'ノ, ㄴ'이 이에 해당한다. 본래의 뜻은 「활 시위를 끌어당기다」이다. 자형은 '弓 → 弓 → 弓 → 引 → 引'의 과정으로 변해 왔다. '끌어 당기다', '끌어오다', '늘이다', '인도하다' 등의 뜻은 모두 이로부터 생겨났다.

응용 : 引力 인력. 引上 인상. 引下 인하. 引用 인용. 引導 인도. 引繼引受 인계인수. 引責 인책. 索引 색인. 誘引 유인. 拘引 구인. 萬有引力 만유인력. 引領而望 인령이망. 引領企踵 인령기종. 一盲引衆盲 일맹인중맹.

쓰는 순서 ㄱ ㄱ 弓 引 4획

弘

한	홍: 넓다(grand)
중	hóng(홍)
일	コウ(코-) · グ(구)

넓을 홍

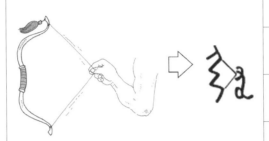

| 弓 |
| 弓 |
| 弓 |
| 弘 |

자형의 변화과정을 소급해 보면 '弘→弓→弓→弓' 등과 같다. 갑골문 자형은 오른 팔로 활 시위를 힘껏 당기는 모습으로, 팔의 근육이 두드러지게 나타나 있다. 본래의 뜻은 「활의 시위를 힘껏 당기다」이다. 활 시위를 한껏 당겼을 때 활의 몸체와 활 시위 사이가 가장 「넓고」, 화살이 날아가는 힘도 가장 「크다」. 그래서 「넓다」, 「크다」는 뜻이 생겼다. 시위를 한껏 당겼다가 놓았을 때 활시위가 우는 소리를 나타낸 것이라는 설도 있다.

응용 : ① 宏 굉, 肱 굉. ② 弘報 홍보, 弘大 홍대, 弘文 홍문, 弘益人間 홍익인간, 弘法 홍법, 弘道 홍도, 弘濟 홍제, 弘化 홍화, 高談弘論 고담홍론, 德重恩弘 덕중은홍, 士不可以不弘毅 사불가이불홍의, 弘毅寬厚 홍의관후.

활

弘

팔꿈치 근육

쓰는 순서   フ フ 弓 弘 弘   5획

矢

한 시: 화살(arrow)
중 shǐ(스)   일 シ(시)

화살 시

 ⇨

갑골문 자형 ' '는 화살촉(↑:鏃)과 화살대(↑:笴)
와 화살깃(↑ : 羽)과 오늬(↑ : 括 괄. 화살을 시위에
끼는 부분)가 모두 생생하게 나타나 있는 「화살」의
모습이다. 그러나 소전 이후부터는 화살깃과 오늬 부
분(↑)이 크게 강조되어 마치 한글의 '숏' 자처럼 된
결과 본래의 모습을 잃었다. '矢' 가 부수자로 들어 있
는 한자는 「화살」과 관련된 뜻이 있다.

응용 : 弓矢 궁시, 雨矢 우시, 竹矢 죽시, 嚆矢 효시, 飛矢 비시,
毒矢 독시, 矢鏃 시촉, 衆矢之的 중시지적, 矢石之間 시
석지간, 矢人唯恐不傷人 시인유공불상인, 流矢如雨 유
시여우, 矢在弦上, 不得不發 시재현상, 부득불발.

쓰는
순서 ノ ⺥ ⺥ 矢 矢   5획

화살촉

깃

284

至

한	지: 이르다. 도달하다(arrive)
중	zhì(즈)
일	シ(시)

이를 지

갑골문 자형 '⚹'는, 화살(↑)이 지면(一) 위에 거꾸로 박혀 있는 모습이다. 이것이 '⚹→⚹→⚹→⚹→至'로 변해 왔다. 따라서 지금의 자형 '至'에서 'ㅈ'는 오늬와 화살깃(Ƴ), '土'는 화살대와 화살촉(↓) 및 지면(一)에 해당한다. 화살이 힘이 다할 때까지 날아가서 땅에 꽂힌 모습으로, 본래의 뜻은 「도달하다」, 「이르다」이다. '지극(至極)히'란 뜻도 있는데 이는 '極(극)에 도달하다'는 의미이다.

응용 : 至今 지금, 至近 지근, 至急 지급, 至當 지당, 至難 지난, 至毒 지독, 至上 지상, 至誠 지성, 冬至 동지, 夏至 하지, 至善至美 지선지미, 福不重至, 禍必重來 복부중지, 화필중래, 水至淸則無魚 수지청즉무어.

쓰는순서 一 ㄱ ㅈ ㅈ 至 至   6획

화살

至

지면

285

刻舟求劍(각주구검 : 커 쩌우 치우 찌엔)

중국 초(楚) 나라의 어떤 사람이 배를 타고 강을 건너고 있었습니다. 배가 강 중간에 이르렀을 때 그 사람의 칼집에 들어 있던 큰 칼이 스스르 미끄러져 강물 속으로 빠졌습니다. 얼른 손을 뻗어 칼을 잡으려고 하였지만 이미 때는 늦어, 칼은 깊은 물 속으로 가라앉아 버렸습니다.

같이 배에 타고 있던 사람들은 모두 그것을 보고 안타까워했습니다.

그런데 그 칼의 주인은 당황하는 기색도 없이 품 속에서 작은 칼을 꺼내더니 뱃전에다 표시를 새겼습니다.

사람들은 칼 주인의 행동을 이해하지 못하고 그 이유를 물었습니다.

"여기는 내 칼이 떨어진 곳이니까 표시를 해 두는 겁니다."

사람들은 이 얘기를 농담으로 생각하고 아무도 더 이상 되묻지 않았습니다.

배가 강기슭 수심이 깊지 않은 곳에 다다르자, 그 칼 주인은 조금 전에 자기가 표시를 해 놓았던 위치에서 뛰어내려 강물 속으로 들어갔습니다. 하지만 칼을 찾기는 불가능한 일이었지요. 칼을 잃어버린 곳은 벌써 지나 왔는데, 이제 와서 뱃전에 새겨둔 표시가 있는 위치에서 물속으로 들어가 칼을 찾는다는 건 말도 안 되는 일이었죠.

이로부터 각주구검(刻舟求劍)은 바뀐 현실을 무시하고 고집스레 자기 생각을 주장하거나, 현실의 변화를 인식할 줄 모르는 어리석은 사람을 뜻하게 되었습니다.〔출처:《呂氏春秋·察今》(여씨춘추·찰금)〕

〈한자풀이〉

刻(각):새기다.　舟(주):배.　求(구):구하다.　劍(검):칼.

287

231

上

한	상: 위(above). 오르다(go up)
중	shàng(샹)
일	ジョウ(죠-) · ショウ(쇼-)

윗 상

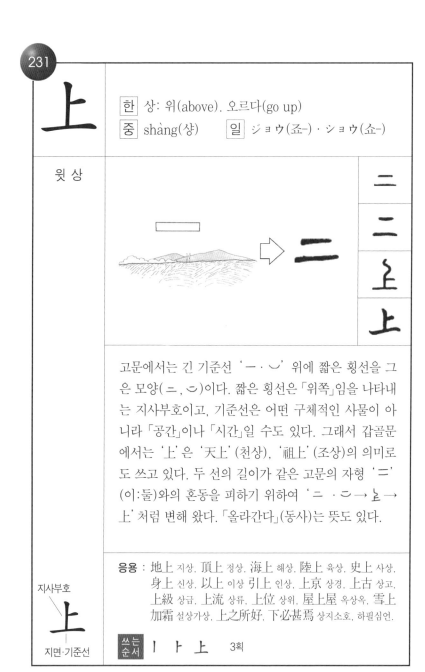

고문에서는 긴 기준선 'ー · ◡' 위에 짧은 횡선을 그은 모양(二, ◠)이다. 짧은 횡선은 「위쪽」임을 나타내는 지사부호이고, 기준선은 어떤 구체적인 사물이 아니라 「공간」이나 「시간」일 수도 있다. 그래서 갑골문에서는 '上'은 '天上'(천상), '祖上'(조상)의 의미로도 쓰고 있다. 두 선의 길이가 같은 고문의 자형 '二'(이:둘)와의 혼동을 피하기 위하여 '二 · ◠→ 上 → 上'처럼 변해 왔다. 「올라간다」(동사)는 뜻도 있다.

지사부호

上

지면·기준선

응용 : 地上 지상. 頂上 정상. 海上 해상. 陸上 육상. 史上 사상. 身上 신상. 以上 이상. 引上 인상. 上京 상경. 上古 상고. 上級 상급. 上流 상류. 上位 상위. 屋上屋 옥상옥. 雪上加霜 설상가상. 上之所好. 下必甚焉 상지소호. 하필심언.

쓰는 순서 丨 丄 上   3획

288

232

下

| 한 | 하: 아래(under). 내려가다(descend) |
| 중 | xià(씨아) | 일 | ヵ(카) · ゲ(게) |

아래 하

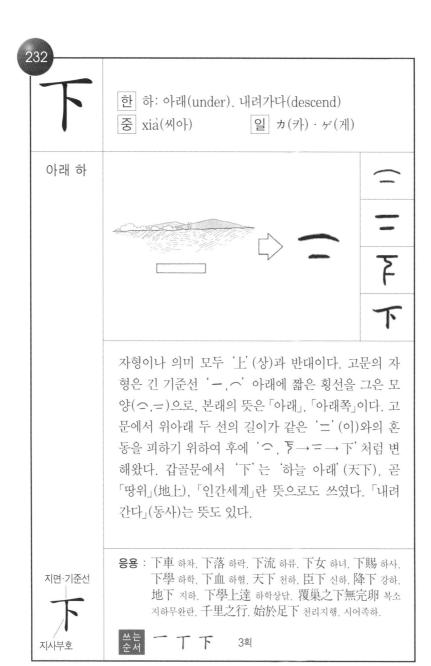

자형이나 의미 모두 '上'(상)과 반대이다. 고문의 자형은 긴 기준선 '一, ⌒' 아래에 짧은 횡선을 그은 모양(⌒, ꞊)으로, 본래의 뜻은 「아래」, 「아래쪽」이다. 고문에서 위아래 두 선의 길이가 같은 '二'(이)와의 혼동을 피하기 위하여 후에 '⌒, ⻖→ ꞊→ 下'처럼 변해왔다. 갑골문에서 '下'는 '하늘 아래'(天下), 곧 「땅위」(地上), 「인간세계」란 뜻으로도 쓰였다. 「내려간다」(동사)는 뜻도 있다.

지면·기준선

下

지사부호

응용 : 下車 하차, 下落 하락, 下流 하류, 下女 하녀, 下賜 하사, 下學 하학, 下血 하혈, 天下 천하, 臣下 신하, 降下 강하, 地下 지하, 下學上達 하학상달, 覆巢之下無完卵 복소지하무완란, 千里之行 始於足下 천리지행, 시어족하.

쓰는 순서 ─ 丁 下   3획

233

中

한	중: 가운데(middle). 중앙(center)
중	zhōng(중)
일	チュウ(츄-)

가운데 중

갑골문 자형 '𣃓, 𣃗, 𣃘, 中, 中' 등은 펄럭이고 있는 「기」의 '중간'에 지사부호 'ㅁ'가 붙어 있는 모습이다. 본래의 뜻은 「가운데 세워진 기」(旗)이다. 고대에는 「기」가 사람을 불러모으는 신호로도 사용되었다. 펄럭이는 깃발을 보고 사람들이 모여들어 「기」를 에워싸면, 그 「기」의 위치는 곧 「한복판」, 「한가운데」가 된다. 그래서 「한복판」, 「한가운데」란 뜻이 생겼고, 다시 「중간」, 「중심」, 「안」 등의 뜻이 생겼다.

응용 : 中間 중간. 中立 중립. 中天 중천. 中學 중학. 空中 공중. 命中 명중. 病中 병중. 的中 적중. 上中下 상중하. 大中小 대중소. 中庸之道 중용지도. 中心達於面目 중심달어면목. 蓬生麻中 봉생마중. 不扶而直 불부이직.

깃발

中

지사부호

쓰는 순서	丨 冂 口 中	4획

290

東

한	동: 동녘(east)
중	dōng(뚱)
일	トゥ(토-)

동녘 동

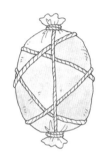 ⇨

지금의 자형은 '木'에 '日'이 걸려 있는 듯한 모습이
지만, 갑골문(⊗·⊗·⊗·⊗)과 금문(⊗·⊗·⊗·⊗)
의 자형들은 양쪽 끝이 터진 자루 속에 물건을 넣은
후 양쪽 끝과 자루를 끈으로 동여 맨 모습으로, 본래
의 뜻은 「자루」였다. 그것이 「동쪽」이란 뜻의 말과 음
(音)이 같았으므로 「동쪽」이란 뜻을 나타내는 자(字)
로 가차(假借)되었다. 옛날부터 중국에서는 물건을
'뚱시'(東西:동서)라고 하였다.

자루를 묶은
노끈

자루 양쪽의 입

응용 : 東方 동방, 東京 동경, 東經 동경, 東奔西走 동분서주,
東洋 동양, 東亞 동아, 東海 동해, 江東 강동, 山東 산동,
嶺東 영동, 極東 극동, 聲東擊西 성동격서, 東風吹馬耳
동풍취마이, 金烏西隆, 玉兔東升 금오서추, 옥토동승.

쓰는
순서 一 ㄱ 冂 甶 甶 東 東 東   8획

235

西

한 서: 서쪽(west)

중 xī(시)   일 セイ(세이)·サイ(사이)

서녘 서

한자에서 방위를 나타내는 문자는 모두 본래의 뜻이 아니라 '소리가 같은 자'(同音字)를 빌려서 쓴 것이다. 「서쪽」이란 뜻을 나타내는 '西'자의 변화과정을 소급해 보면 '西→◎→◎·◎→⊞·⊞·⊞' 등과 같다. 갑골문과 금문의 자형들은 새 둥지의 모습이다. 해가 서쪽으로 진 후 새들도 자기 둥지(巢)를 찾아 들어간다는 뜻에서, '둥지'의 모습으로 「서쪽」이란 뜻을 나타내다가, 소전에서 '새'(弓)의 모습을 덧붙였다고 하는 설명도 있다.

응용 : 西洋 서양. 西京 서경. 西經 서경. 西紀 서기. 西方 서방. 西風 서풍. 西海 서해. 江西 강서. 東西 동서. 山西 산서. 日暮西山 일모서산. 未辨東西 미변동서. 西學東漸 서학동점. 東家食西家宿 동가식서가숙.

새

西

새집

쓰는 순서   一 丁 丌 丙 丙 西   6획

292

南

한	남: 남쪽(south)
중	nán(난)
일	ナン(난) · ナ(나)

남녘 남

자형의 변화과정을 소급해 보면, '南 → 㯞 → 㕚·㕚 → 㕙, 㕙, 㕙' 등과 같다. 그런데 갑골문 자형 '㕙, 㕙'이 무엇을 나타낸 것인지에 관한 설명은 학자들마다 다르다. 원래 중국의 남방 민족인 묘족(苗族)들이 사용하던 도자기로 만든 종(鐘) 비슷한 타악기를 나무에 매달아 놓은 모습으로 '㕙, 㕙'은 악기의 몸체를, 'ㅛ'은 악기를 매다는 끈을 나타내는데, 그 악기의 이름이 '남'(南)이어서, 그 음(音)을 빌려「남쪽」이란 뜻을 나타냈다고 한다.

응용 : 南國 남국, 南極 남극, 南道 남도, 南北 남북, 南方 남방, 南山 남산, 南韓 남한, 江南 강남, 東南 동남, 指南 지남, 嶺南 영남, 西南 서남, 南柯一夢 남가일몽, 南面稱王 남면칭왕, 南山可移, 此案不動 남산가이, 차안부동.

매다는 끈

악기

쓰는순서 一 十 内 内 内 南 南 南 9획

北

| 한 | 북: 북쪽(north) |
| 중 | bĕi(베이) | 일 | ホク(호쿠) |

북녘 북

갑골문 자형 ' 〵〱 '은 두 사람이 서로 등지고 서 있는 모습으로, 본래의 뜻은 「등지다」이다(이 때는 '배'라고 읽는다). 이런 일은 서로의 사이가 틀어졌을 때, 싸움에 져서 달아날 때 일어난다(* '敗北' 패배 라는 말에 본래의 뜻이 남아 있다). 사람들이 방 안에 앉을 때는 얼굴은 남쪽을, '등'은 북쪽을 향하여 앉았으므로, 그래서 「北」이 「북쪽」이란 뜻을 나타내는 자로 가차되었다고 한다. 후에 「등지다」란 본래의 뜻을 나타내기 위하여 '背'(배:등) 자를 만들었다.

서로 등지고
서 있는 사람

응용 : 北京 북경, 北韓 북한, 北國 북국, 北緯 북위, 北道 북도, 北斗七星 북두칠성, 北方 북방, 北向 북향, 江北 강북, 南北 남북, 敗北 패배, 南轅北轍 남원북철, 橘生淮南則爲橘, 生於淮北則爲枳 귤생회남즉위귤, 생어회북즉위지.

쓰는 순서 ㅣ ㅣ ㅓ ㅓ 北 5획

294

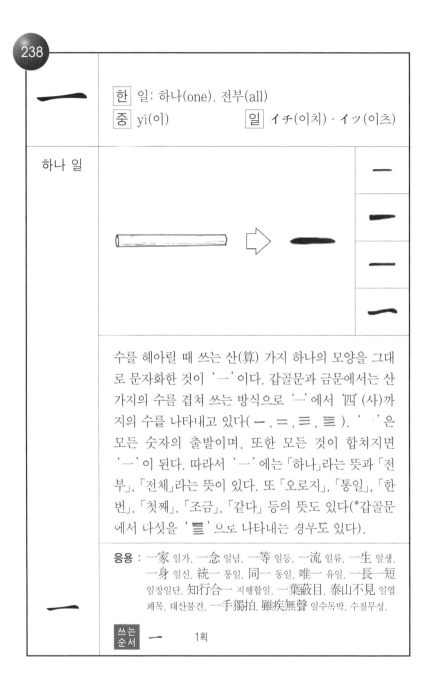

한	일: 하나(one). 전부(all)
중	yī(이)
일	イチ(이치) · イッ(이츠)

하나 일

수를 헤아릴 때 쓰는 산(算) 가지 하나의 모양을 그대로 문자화한 것이 '一'이다. 갑골문과 금문에서는 산 가지의 수를 겹쳐 쓰는 방식으로 '一'에서 '四'(사)까지의 수를 나타내고 있다(一, 二, 三, 亖). '一'은 모든 숫자의 출발이며, 또한 모든 것이 합쳐지면 '一'이 된다. 따라서 '一'에는 「하나」라는 뜻과 「전부」, 「전체」라는 뜻이 있다. 또 「오로지」, 「통일」, 「한 번」, 「첫째」, 「조금」, 「같다」 등의 뜻도 있다(*갑골문에서 나씻을 '亖'으로 나타내는 성우도 있다).

응용 : 一家 일가, 一念 일념, 一等 일등, 一流 일류, 一生 일생, 一身 일신, 統一 통일, 同一 동일, 唯一 유일, 一長一短 일장일단, 知行合一 지행합일, 一葉蔽目. 泰山不見 일엽폐목, 태산불견, 一手獨拍. 雖疾無聲 일수독박, 수질무성.

쓰는 순서 一 1획

239

二

한 이: 둘(two). 다른(different)

중 èr(얼)　　　　일 ニ(니)

두 이

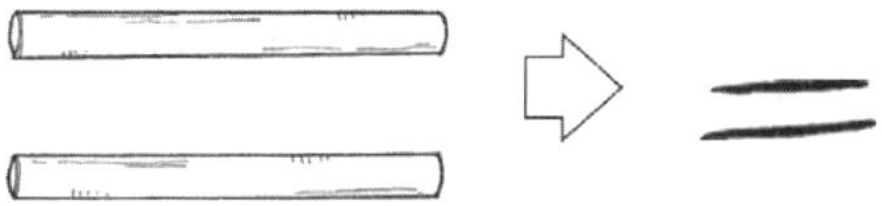

현재 쓰고 있는 자형 ‘二’(이)는 위는 짧고 아래는 길지만, 갑골문과 금문의 자형은 위아래의 길이가 같다. 본래의 뜻은 「둘」, 「두 가지」이다. 「두 가지」는 서로 같기 어렵다는 데서 「다르다」는 뜻도 있다. 갑골문에서 위가 짧고 아래가 긴 자형 ‘二·二’는 「위」라는 뜻의 ‘上’(상)이고, 위는 길고 아래가 짧은 ‘二·二’는 「아래」라는 뜻의 ‘下’(하)이다. ‘二’와 혼동을 피하기 위해 자형이 바뀌었다.

二

응용 : 二等 이등, 二心 이심, 二流 이류, 二月 이월, 二律背反 이율배반, 二重 이중, 一石二鳥 일석이조, 身土不二 신토불이, 唯一無二 유일무이, 二人同心, 其利斷金 이인동심, 기리단금, 二虎相爭, 必有一傷 이호상쟁, 필유일상.

쓰는 순서 一 二　　2획

三

한 삼: 셋(three)
중 sān (싼)
일 サン(산)

석 삼

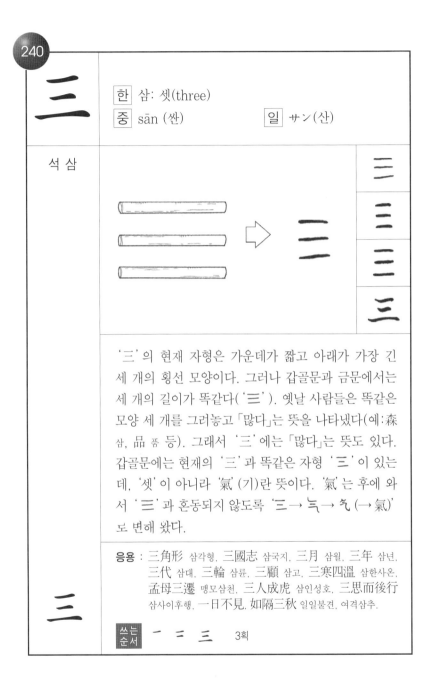

'三'의 현재 자형은 가운데가 짧고 아래가 가장 긴 세 개의 횡선 모양이다. 그러나 갑골문과 금문에서는 세 개의 길이가 똑같다('三'). 옛날 사람들은 똑같은 모양 세 개를 그려놓고「많다」는 뜻을 나타냈다(에:森 삼, 品 품 등). 그래서 '三'에는「많다」는 뜻도 있다. 갑골문에는 현재의 '三'과 똑같은 자형 '三'이 있는데, '셋'이 아니라 '氣'(기)란 뜻이다. '氣'는 후에 와서 '三'과 혼동되지 않도록 '三→气→气 (→氣)'도 변해 왔다.

응용 : 三角形 삼각형. 三國志 삼국지. 三月 삼월. 三年 삼년. 三代 삼대. 三輪 삼륜. 三顧 삼고. 三寒四溫 삼한사온. 孟母三遷 맹모삼천. 三人成虎 삼인성호. 三思而後行 삼사이후행. 一日不見, 如隔三秋 일일불견, 여격삼추.

쓰는 순서 一 二 三   3획

三

297

上下其手(상하기수: 샹 씨아 치 셔우)

중국 춘추시대에 초(楚) 나라가 정(鄭) 나라를 침입하여 승리를 거두었습니다. 그때 초 나라 군대에는 천봉술(穿封戍)이라는 장군과 왕의 동생 공자위(公子圍)가 있었습니다.

두 사람은 전쟁터에서 정 나라 장군 황힐(皇署)이 도망가는 것을 동시에 목격하고 말을 달렸지만, 천봉술이 공자위보다 먼저 달려가 황힐을 붙잡았습니다.

그러나 전쟁터에서 돌아온 공자위는 자기가 황힐을 붙잡았다고 거짓

말을 해서 천봉술과 다투게 되었습니다. 두 사람은 서로 자기가 황힐을 붙잡았다고 양보하지 않았습니다. 그때 재상 백주리(伯州犁)가 심판관으로 나서게 되었습니다.

백주리는 공자위와 천봉술이 보는 앞에서 직접 황힐에게 묻기로 했습니다. 백주리는 먼저 손을 높이 올리고는 목소리를 넌즈시 의미있게 깔고 공자위를 가리키며 황힐에게 말했습니다.

"이 분은 왕이 총애하시는 동생 공자위시다."

그 다음엔 손을 아래로 내려서 천봉술을 가리키며 되는대로 말했습니다.

"저 사람은 천봉술이다. 저 먼 시골 고을의 벼슬아치이지."

그리고는 다시 물었습니다.

"자, 과연 누가 너를 포로로 잡았느냐?"

황힐은 백주리의 의도를 눈치챘습니다. 그리고 자기를 붙잡아 온 천봉술을 증오하였으므로, 공자위가 자기를 붙잡았다고 거짓말을 했습니다.

그로부터 '그 손을 위로 올렸다가 아래로 내렸다가 하다'는 뜻인 상하기수(上下其手)는 거짓 수작(酬酌)으로 진실과 거짓을 뒤바꾸는 행위를 가리키게 되었습니다. 〔출처:《左傳·襄公二十六年》(좌전·양공이십육년)〕

〈한자풀이〉

上(상):위. 下(하):아래. 其(기):그. 手(수):손.

299

四

한	사: 넷(four). 사방(all sides)
중	sì(쓰)
일	シ(시)

넉 사

갑골문과 금문에서는 횡선 네 개를 겹쳐 쓴 '三'로 「넷」이란 숫자를 표현하였다. 이는 기본적으로 로마숫자('I, II, III, IIII, …')나 이집트 숫자('|, ||, |||, ||||, …') 또는 바빌로니아 숫자('𒁹, 𒌋, 𒈫, 𒐉 …') 등과 같은 방식이다. 후에 와서 음(音)이 같은 '四'자를 가차하여 「넷」이란 뜻을 나타냈다. '四'의 초기 자형 '𠄚,𡆥'는 짐승의 코와 입이 함께 붙어 있는 모습으로, 본래의 뜻은 「숨을 쉬다」이고, 呬(xì·희:숨쉬다)의 본래자이다.

응용 : 四方 사방, 四角 사각, 四面 사면, 四海 사해, 四時 사시, 四季 사계, 四足 사족, 四肢 사지, 四書 사서, 朝三暮四 조삼모사, 四通八達 사통팔달, 四分五裂 사분오열, 四十而不惑 사십이불혹, 四十不動心 사십부동심.

四

쓰는 순서 ㅣ 冂 冖 四 四   5획

300

五

한 오: 다섯(five)
중 wǔ(우)
일 ゴ(고)

다섯 오

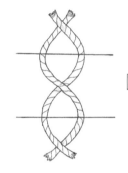

자형의 변화과정을 소급해 보면 '五 → 丟 → 𝕏 → 𝕏 → 𝕏 · 𝌋'와 같다. 처음에는 산(算) 가지 다섯 개를 겹쳐 쓴 모양으로 숫자「다섯」을 표시하다가 번 거로움을 피하기 위하여 '𝌋'(오)와 음(音)이 같으 면서 실타래가 서로 교차하는 모습을 나타낸 갑골문 자 '𝟠'(午:오)를 빌려온 후, 그것을 '𝟠' 처럼 잘 라내어 변형시킨 것으로 대신했다.

응용 : 五味 오미, 五月 오월, 五輪 오륜, 五行 오행, 五大洋 오 대양, 三綱五倫 삼강오륜, 五里霧中 오리무중, 四書五 經 사서오경, 五十步百步 오십보백보, 五十而知天命 오 십이지천명, 五穀不熟, 不如梯稗 오곡불숙, 불여제패.

五

쓰는 순서 一 丁 チ 五 4획

301

六

한 육: 여섯(six)
중 liù(리우)   일 ロク(로쿠)

여섯 육

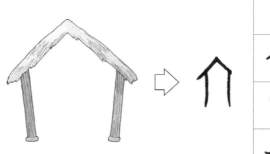

숫자 '여섯'을 나타내는 '六'의 자형의 변화과정을 소급해 보면 '六 → 仌 → 仌 → 仌 → 仌'과 같다. 갑골문의 자형 '仌'은 '⌂'과 같은 소박한 「오두막 집」의 정면 모습이다. 「오두막 집」을 중국어로는 '루'(盧:려:lú)라고 하는데, 본래 '여섯'을 가리키던 말도 이 「오두막 집」이란 뜻의 말과 같은 음(音)이었기 때문에, 그 소리를 빌려서 '여섯'이란 뜻을 나타내게 되었다.

六

응용 : 六甲 육갑, 六旬 육순, 六月 유월, 六日 육일, 六畜 육축, 六法典書 육법전서, 六馬不和, 造父不能致遠 육마불화, 조보불능치원, 六十甲子 육십갑자, 六曹判書 육조판서, 六耳不同謀 육이부동모.

쓰는 순서 　丶　亠　六　六　　4획

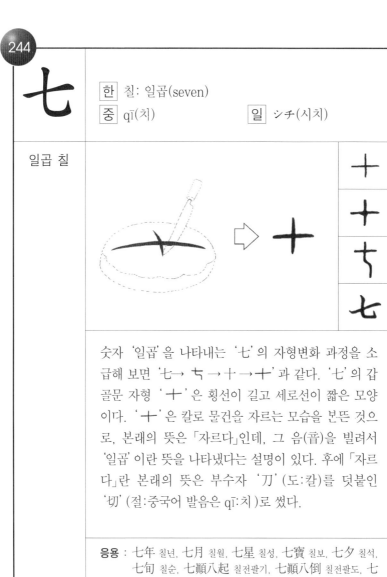

244 七

한 칠: 일곱(seven)

중 qī(치)　　일 シチ(시치)

일곱 칠

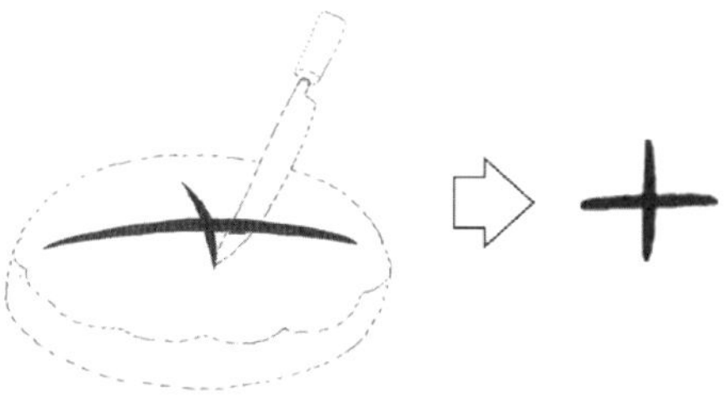

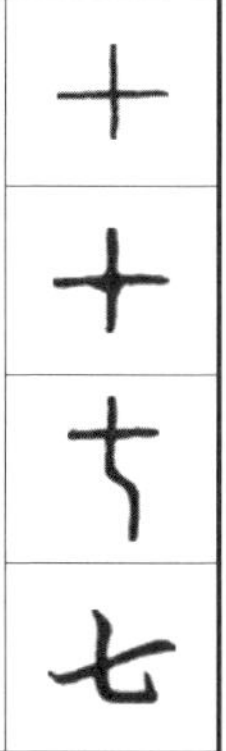

숫자 '일곱'을 나타내는 '七'의 자형변화 과정을 소급해 보면 '七→ ち →十→十'과 같다. '七'의 갑골문 자형 '十'은 횡선이 길고 세로선이 짧은 모양이다. '十'은 칼로 물건을 자르는 모습을 본뜬 것으로, 본래의 뜻은 「자르다」인데, 그 음(音)을 빌려서 '일곱'이란 뜻을 나타냈다는 설명이 있다. 후에 「자르다」란 본래의 뜻은 부수자 '刀'(도:칼)를 덧붙인 '切'(절:중국어 발음은 qī:치)로 썼다.

七

응용 : 七年 칠년, 七月 칠월, 七星 칠성, 七寶 칠보, 七夕 칠석, 七旬 칠순, 七顚八起 칠전팔기, 七顚八倒 칠전팔도, 七去之惡 칠거지악, 七年之病, 求三年之艾 칠년지병, 구삼년지애, 人生七十古來稀 인생칠십고래희.

쓰는 순서 一 七 　2획

한	팔: 여덟(eight)
중	bā(빠)
일	ハチ(시치)

여덟 팔

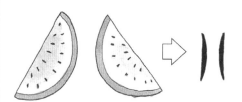

숫자 '여덟'을 나타내는 '八'의 자형은 ')(·八→八·八→ﾊﾟ→八'처럼 변해 왔으나, 갑골문의 자형이 거의 그대로 남아 있다. '八'은 본래 어떤 물건을 양분(兩分)한 모습으로, 본래의 뜻은 「어떤 물건을 두쪽으로 나누다」이다. 후에 그 음(音)을 빌려서 숫자 '여덟'을 나타내었다(*'分'분:刀(도:칼)로써 양분하다. '半'반:牛(우:소)를 양분하다. '公'공 등에 본래의 뜻이 들어 있다).

응용 : 八景 팔경, 八字 팔자, 三八線 삼팔선, 八方美人 팔방미인, 四通八達 사통팔달, 百八煩惱 백팔번뇌, 七顚八起 칠전팔기, 八公山上, 草木皆兵 팔공산상, 초목개병, 眼觀四處, 耳聽八方 안관사처, 이청팔방.

 ノ 八　　2획

九

한	구: 아홉(nine)
중	jiǔ(지우)
일	キュウ(큐-)・ク(쿠)

아홉 구

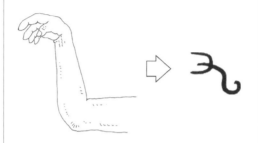

숫자 '아홉'을 나타내는 '九'의 갑골문 자형 'ጓ·ጊ· ⅂' 와 금문의 자형 'ጊ·⅂·ጊ' 등은 모두 손과 팔의 모습으로, 손목과 팔꿈치 부분에서 두 번 굽어지고 있다. 본래의 뜻은 「팔꿈치」(肘:주)였으나, 그 음(音)만을 빌려서 숫자 '아홉'을 나타냈다. 그 후 '팔꿈치'란 본래의 뜻은 사람의 신체의 일부임을 표시하는 부수자 '肉'(육)을 덧붙인 '肐'(古文)→'肘'(zhǒu:주)로 나타냈다.

응용 : 九重 구중. 九折 구절. 九天 구천. 九死一生 구사일생. 九牛一毛 구우일모. 十中八九 십중팔구. 一笑釋九恨 일소석구한. 九仞之功, 虧於一簣 구인지공. 휴어일궤. 九層之臺, 起於累土 구층지대. 기어라토. *累 라: 삼태기

쓰는 순서 ﾉ 九   2획

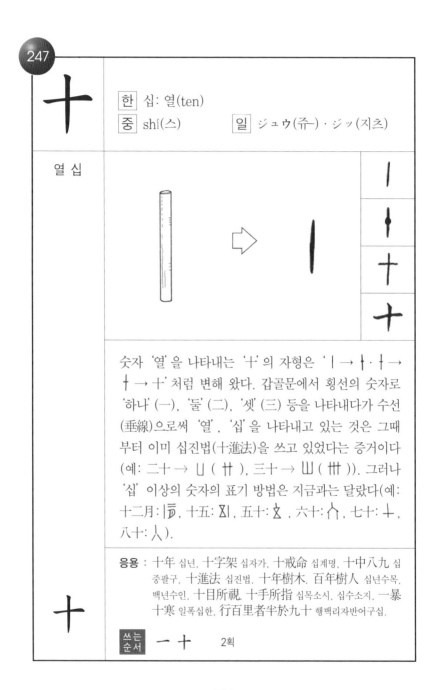

한	십: 열(ten)
중	shí(스)
일	ジュウ(쥬-)・ジッ(지츠)

열 십

숫자 '열'을 나타내는 '十'의 자형은 'ㅣ→┤・┼→ ┼→十'처럼 변해 왔다. 갑골문에서 횡선의 숫자로 '하나'(一), '둘'(二), '셋'(三) 등을 나타내다가 수선 (垂線)으로써 '열', '십'을 나타내고 있는 것은 그때 부터 이미 십진법(十進法)을 쓰고 있었다는 증거이다 (예: 二十 → ∪ (卄), 三十 → ∪ (卅)). 그러나 '십' 이상의 숫자의 표기 방법은 지금과는 달랐다(예: 十二月:|╤, 十五:⊠, 五十:ⴞ, 六十:⋀, 七十:┼, 八十:人).

응용: 十年 십년, 十字架 십자가, 十戒命 십계명, 十中八九 십 중팔구, 十進法 십진법, 十年樹木, 百年樹人 십년수목, 백년수인, 十目所視, 十手所指 십목소시, 십수소지, 一暴 十寒 일폭십한, 行百里者半於九十 행백리자반어구십.

十

쓰는 순서 一 十   2획

306

百

한 백: 일백(one hundred)
중 bǎi(바이)   일 ヒャク(햐쿠)

일백 백

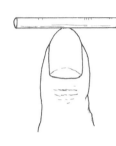

자형의 변화과정을 소급해 보면 '百 → → → '과 같다. 갑골문 자형 ''은 ''에 '一'이 덧붙여진 모습인데, 이 '' 자체가 이미 ''(白) 속에 '∧'(즉, 一)이 추가되어 있는 모습('白'+ '一'→百)이므로, ''은 곧 '一百'의 합문(合文) 이다. 갑골문에서는 십 단위 이상은 흔히 합문으로 썼다(예:三百→ 三, 五百→ 五, 九百 → 九 등). ''(白)은 본래 사람의 '엄지 손톱' 모양을 본뜬 것으로, 숫자 '百'에서는 소리만 나타내고 있다.

응용 : 百日 백일, 百里 백리, 百貨店 백화점, 百科 백과, 百發 百中 백발백중, 百折不屈 백절불굴, 百花齊放, 百家爭 鳴 백화제방, 백가쟁명, 百尺竿頭 백척간두, 孝爲百行之 本 효위백행지본, 終身讓路, 不枉百步 종신양로, 불왕백보.

일(一)

百

엄지 손톱

쓰는순서 一 ア ア 万 百 百   6획

千

한	천: 일천(one thousand)
중	qiān(치엔)　　　일 セン(센)

일천 천

자형은 '亻'과 '一'로 되어 있다. 갑골문과 금문의 자형은 '千, 千, 千, 千' 등으로, '사람'(亻·亻: 人)의 다리 부위에 숫자 '一'을 덧붙인 모습이다. 본래의 뜻은 '一千'이다. 二千은 '千', 四千은 '千', 五千은 '千' 등으로 표시하다가, 후에 와서는 '千'이 십진법 단위의 숫자 '천'을 나타내는 것으로 정착되어, 二千은 '二千', 五千은 '𠀆' 등으로 쓰게 되었다. 숫자 '千'에서의 '亻'(人:중국에서는 '런'(rén)이라 읽는다)은 소리 부호로만 쓰이고 있다.

응용 : 千金 천금, 千年 천년, 千里馬 천리마, 千里眼 천리안, 千軍萬馬 천군만마, 千載一遇 천재일우, 千差萬別 천차만별, 千秋萬歲 천추만세, 聖人千慮, 必有一失 성인천려, 필유일실, 千里之堤, 潰於蟻穴 천리지제, 궤어의혈

사람(亻)

千

'一'(일·하나)

 쓰는순서　　ノ 二 千　　3획

萬

한 만: 일만(ten thousand)
중 wàn(완)
일 マン(만)・バン(반)

일만 만

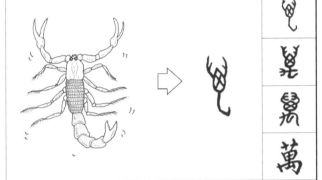

'천'(千)의 열 배인 '萬'의 갑골문 자형 '𧊙, 𧒏, 𧊙' 등은 모두 「전갈」의 모양이다. 본래의 뜻은 「전갈」이었으나, 후에 그 음(音)을 빌려서 숫자 '일만'(一萬)을 나타내는 데 썼다. '萬'(𧊙)이 수를 나타내는 데 주로 쓰이게 되자,「전갈」이란 본래의 뜻은 '萬' 아래에 부수자 '虫'(충:벌레)을 덧붙여서 '蠆'(채:전갈)로 쓰게 되었다. '萬'에는 '지극히 많다'는 뜻이 있다.

응용 : 萬國 만국, 萬金 만금, 萬能 만능, 萬年 만년, 萬里 만리, 萬物 만물, 萬福 만복, 萬事 만사, 萬方 만방, 萬民 만민, 萬歲 만세, 萬壽 만수, 萬有引力 만유인력, 森羅萬象 삼라만상, 千中有頭 萬中有尾 천중유두, 만중유미.

쓰는 순서 `丶 艹 艹 苩 莒 萬 萬 萬` 13획

전갈
萬
전갈을 잡은 손

一日一錢, 千日千錢

(일일일전, 천일천전: 이 르 이 치엔, 치엔 르 치엔 치엔)

옛날 중국 남송 시기에 장괴애(張乖崖)라는 선비가 한 고을 사또로 부임하게 되었습니다. 부임하고 난 얼마 뒤, 장괴애는 고을 관리 중에 부패한 사람이 많다는 사실을 알게 되었습니다. 강직하고 정의로운 성품을 가진 장괴애는 관리들의 나쁜 버릇을 고쳐주어야겠다고 마음먹었습니다.

하루는 장괴애가 시종을 거느리고 고을을 순찰하다가 고을 창고 앞을 지나게 되었습니다. 그 때 누군가 당황한 모습으로 창고 안에서 나오는 것을 발견하였습니다.

"누구냐? 거기 섰거라!" 신임 사또의 고함소리에 그 사람은 하는 수 없이 그 자리에 멈춰 서며 이렇게 말했습니다.

"쇤네는 창고지기입지요. 일이 끝나 막 집으로 돌아가는 참입니다."

"그런데 나를 보고 왜 그렇게 당황해 하느냐?"

"제가 우매하고 겁이 많아 항상 나으리들 뵙기를 무서워했습니다요."

하지만 노련하게 둘러대는 창고지기는 전혀 겁이 많은 사람 같지 않았습니다. 수상히 여긴 장괴애는 시종을 시켜 창고지기의 몸을 수색하도록 분부했죠. 수색 결과 두건 아래에서 동전 한 닢을 발견했습니다.

"이 돈이 바로 네놈이 창고에서 가져나온 것이 아니란 말이냐?" 사또는 호령했습니다.

하지만 창고지기는 오히려 이렇게 비웃으며 말했습니다.

"이게 어떻다는 말씀이십니까? 겨우 동전 한 닢 가져나온 걸로 절 도둑으로 몰 작정이십니까?"

사실 그 교활한 창고지기는 동전 한 닢을 대수롭지 않게 여기고 매일 한 닢씩 훔치고 있었습니다. 만약 들키더라도 이쯤으론 도둑으로 몰릴 염려는 없다고 착각하고 있었던 겁니다.

사또는 염치없는 창고지기에게 곤장 스무 대를 치라고 분부했습니다. 창고지기는 매를 맞으면서도 잘못을 반성하기는 커녕 고함을 치며 자기의 무고함을 주장했습니다. 이 모습을 본 장괴애는,

"시작은 미비하다 하나, 하루에 한 푼씩 천 일이면 천 냥이 되느니라! 국가의 재물을 훔친 죄로 목을 베어라."라고 분부했답니다.

여기에서 나온 '一日一錢, 千日千錢 (하루에 한 푼씩 천 일이면 천 냥)' 이라는 말은 저은 게 쌓여 큰 것을 이룬다는 뜻으로, 우리 나라의 속담 '티끌모아 태산(泰山)'과 같은 뜻입니다.〔출처:《史記·淮陰侯列傳》(사기·회음후열전)〕

〈한자풀이〉

一(일):하나. 日(일):날.

錢(전):동전, 작은 푼돈(金＋戔(잔)). 千(천):일천

색   인

※ 글자 옆의 숫자는 각 한자의 고유번호이다.

313

314

315

한자 이야기

한자는 누가 언제 만들었을까?

「설문해자(說文解字)」란 책은 동한(東漢) 시대 때(AD 121년) 허신 (許愼)이란 사람이 쓴 최고의 한자 해석서인데, 그 책의 서문에서, "황제 (黃帝)의 사관(史官)인 창힐(倉頡)이 새와 짐승들의 발자국을 보고는 그 갈라진 모양으로 새와 짐승의 종류를 구별할 줄 알았다. (여기에서 힌트 를 얻은) 그는 처음으로 문자를 만들어서 그것으로 백관(百官)을 다스리 고 만물을 관찰(기록)하였다." "창힐이 처음 문자를 만들 때는 사물의 종 류별로 그 형태를 본떴을 것이다(依類象形)." 라고 했다.

이처럼 창힐이 처음으로 한자를 만들었다는 "창힐조자설(倉頡造字 說)은 이미 기원전 3세기 경에 쓰여진 「여씨춘추(呂氏春秋)」란 책을 비 롯하여 「순자(荀子)」, 「한비자(韓非子)」, 「회남자(淮南子)」 등의 책에서 도 소개되고 있는데, 그 당시에는 이미 정설처럼 여겨졌으며, 그 후에도 오랫동안 많은 학자들이 그대로 믿고 전하였기 때문에 오랫동안 사실인 것처럼 가르쳐 왔다.

그러나 20세기에 들어와서 고고학(考古學)이 발달하고 한자의 기원 에 관한 연구도 과학적이고 체계적으로 이루어진 결과, 한자는 어느 한 개인에 의해서가 아니라 오랜 세월에 걸쳐 수많은 사람들에 의해 만들어 지고 사용되어 왔다는 사실이 밝혀졌고, 이는 최근에 발굴된 수많은 고고 (考古) 유물들에 의해서도 증명되고 있다.

한자는 가장 대표적인 상형문자(象形文字)인데, 일반적으로 상형문 자가 만들어지는 역사적 과정을 보면, 우선 그림 전체로써 정보나 의사 (意思)를 기록하고 전달하는 단계에서, 그림의 형태와 뜻이 일정한 관계를 갖는 도화문자(圖畵文字)로 발전하고, 그 도화문자 또는 무늬 도안 중에서 뜻을 나타내던 부분이 다시 약정된 부호로 바뀌고, 그것이 다시 특정 단어를 기록하는 부호, 즉 기사(記詞) 부호로 바뀐 후, 여기에 일정한 음(音)이 추가되면서 상형문자로 완성된다.

이러한 문자 기원 및 발전의 역사적 과정을 고고(考古) 유물들과 대비해 보면, 한자는 대략 기원전 4,000년에서 기원전 2,000년 사이에 만들어지기 시작, 기원전 1,600년 경에는 갑골문자와 거의 비슷한 수준의 문자가 만들어졌고, 기원전 1,300년 경에는 이미 완전한 체계를 갖춘 상형문자로서의 갑골문자(甲骨文字)를 사용하게 되었다.

1. 갑골문

갑골문(甲骨文)이란 거북의 등껍질(龜甲)이나 짐승, 특히 소의 어깨뼈(牛肩胛骨)에 새겨진 문자(文)라는 뜻인데, 1921년부터 쓰기 시작한 명칭이다.

갑골문이 세상에 처음 알려지게 된 것은 1899년에 지금의 북경대학 총장에 해당하는 직위에 있던 왕의영(王懿榮)이란 학자에 의해서이다. 왕의영 씨는 본래 고문지에 조에가 깊었다. 그가 마침 학질에 걸려 앓아 누워 있었을 때, 북경의 달인당(達仁堂)이란 약국에서 지어 온 용골(龍骨)이란 약첩을 뒤적이다가 이상한 문자가 새겨진 조각을 보고, 이상히 여겨서 사람을 시켜 그것의 출처를 역추적해 나가기 시작한 것이 갑골문자가 세상에 알려지게 된 계기가 되었다.

출처를 추적한 결과, 그것은 하남성(河南省) 안양현(安陽縣) 소둔(小屯)이란 마을의 밭에서 캐낸 것으로 밝혀졌다. 그곳은 본래 고대 은(殷)

〈그림 1〉 갑골문 탁본

〈그림 2〉 그림 1의 갑골문이 새겨진 거북껍질

나라의 수도였기 때문에, 그 발굴지의 이름을 따서 갑골문을 은허(殷墟) 문자라고도 부른다.

은(殷) 나라 때(BC 1,700∼1,100)는 왕실에서 점을 치는 일이 매우 많았다. 그 당시 사람들은 비가 오는 것도, 바람이 부는 것도, 아기의 성별을 결정하는 것조차도 모두가 귀신의 작용이라고 생각했다. 그래서 전쟁, 사냥, 재난, 날씨, 비, 바람, 농사, 우환, 병, 임신, 분만 등 등 일체의 것에 관하여 일일이 점을 쳐서 귀신에게 물어 보고 그 결과를 거북껍질에 새겨 두었다.

이렇게 점을 친 내용과 그 결과를 점친 재료의 위에다 칼로 새겨서 기록해 둔 것이 갑골문이므로, 갑골문을 한편으로는 "복사"(卜辭 : 점을 친 말) 또는 "계문"(契文 : 칼로 새긴 문자)이라고도 부른다.

참고로, 점을 치는 방법과 과정을 간략하게 설명하자면, 먼저 거북이나 소의 어깨뼈를 잘 다듬은 후, 그 뒷면에다 "〽️ · 〽️" 등의 모양으로 촘촘히 홈을 파고 그곳을

불로 지지면 "폭" 소리를 내며 갈라지면서 "ㅏ·ㅑ·ㅓ·ㅕ" 모양의 금
이 생기는데, 그 금들의 모양을 보고 길흉(吉凶)을 점쳤던 것이다. 그래
서 한자에서 점치는 것을 "복"(卜)이라 하게 되었는데, "복"(폭)이란 음
은 갈라질 때 나는 소리이고, "卜"은 갈라진 금의 모양이다.

이렇게 해서 만들어졌고 쓰여졌던 갑골문자의 수는 현재까지 발견된
것이 약 4,500자이고, 그 중에서 해독된 것이 약 1,500자 정도 된다.

이처럼 최초로 완성된 문자체계인 갑골문자는 지금의 한자와 비교할
때 대략 다음과 같은 특징들이 있다.

① 문자라기보다는 오히려 간단하게 스케치해 놓은 그림과 같은 것이
많다(예: 鹿(록:사슴): 㸒·㸒·㸒·㸒).

② 자형이 규격화되지 않아서 하나의 자(字)에 여러 가지 형태가 있
다(예:明(명:밝다): ◔)·◖◌·◻)·◔)·◖◌ 등).

③ 동일한 자(字)이면서 간단한 것과 복잡한 것 등 여러 가지가 있다
(예:漁(어:고기잡다): 㼽·㼽·㼽·㼽·㼽)

④ 두 개의 문자를 합쳐서 쓰기도 한다(예: 上(二), 下(二)→上下
≡: 二(二), 牛(牛)→二牛: 牛; 九(九), 百(百)→九百:㼽 등)

2. 금문

금문(金文)이란 청동기(靑銅器)에 새겨져 있는 문자, 즉 청동기 명문
(銘文)을 말한다. 중국에서는 하(夏) 나라 때(BC 2,100~1,600) 이미 청
동기 시대에 들어갔는데, 상(商) 나라 때 후기부터 주(周) 나라 때에 걸쳐
서는 동(銅)의 제련술과 동기(銅器)의 제조술이 매우 발달하였으며, 전국
(戰國) 시대 말기에 와서 철(鐵)의 제련술이 발전하면서 철기시대가 시작

〈그림 3〉 사송정(史頌鼎)의 명문

〈그림 4〉 후기 금문

되었다.

주(周) 나라 때(BC 1100~221)는 동(銅)을 금(金)또는 길금(吉金)이라 불렀기 때문에 동기에 새겨진 문자를 금문(金文) 또는 길금문(吉金文)이라 한다. 그리고 동기 중에서도 종(鐘)이나 정(鼎 : 솥) 위에 새겨진 문자들이 가장 많이 발견되었으므로 종정문(鐘鼎文)이라고도 한다.

고대에는 청동기가 최고급 공예품에 속하였기 때문에, 그것을 사용할 수 있다는 것은 곧 신분이 고귀하고 재산이 많다는 것을 의미했다. 그리고 왕으로부터 상을 받거나, 전쟁에서 큰 공을 세우거나, 높은 관직에 임명되거나 하면 씨족 전체의 큰 영예로 생각하여 그것을 자손 대대로 영원히 기억하고 조상에게 알리기 위하여 청동기를 만들고 거기에 그 사실을 기록해 두었다. 또한 역사적으로 중요한 사건이나, 후손들에게 특별히 경계할 일이 있거나, 심지어는 많은 사람들에게 알리기 위한 형법까지도 청동기에 새겨 넣었다. 따라서 이러한 청동기에 새겨진 금문의 기록들은 고대사 연구의 중요한 자료로서, 그리고 고대 언어와 문자 및 변화 과정의 연구에 중요한 자료가 되고 있다.

은상(殷商) 시대의 청동기는 갑골문자가 쓰이던 시기와 거의 비슷한 시기에 제조되었으므로 기본 자형은 갑골문자와 비슷하다. 그러나 단단한 뼈 위에 칼로 새긴 갑골문과는 달리 진흙으로 된 주형틀(거푸집)에 새긴 후에 주물을 부어서 만든다는 특성 때문에 갑골문자보다 더 둥글고(圓) 통통하고(肥) 회화적인 경우가 많다. 그러나 시기적으로 뒤로 오면서는 그런 특징이 줄어들어 선(線)의 형태로 변하면서, 주대(周代) 말기에 와서는 거의 전서(篆書)와 닮게 되었다.

3. 소전

주(周) 왕조의 후기로 내려오면 사회, 경제 및 문화의 발전으로 문자 사용의 수요가 늘어나고 문자의 기록을 위한 재료도 다양해지면서, 문자는 도형적 색채를 벗어나 선(線)으로만 된 부호(符號)로 바뀌어 가게 된다.

「한서·예문지(漢書·藝文志)」에 의하면, "주(周)의 선왕(宣王:BC 827~781) 때의 사관(太史)인 주(籒)씨가 대전(大篆)을 만들었다"고 하였다. 사실은 주씨가 다듬고 정리한 것일 테지만, 주씨가 만든 것이라고 해서 주문(籒文)이라고도 불리는 '대전'(大篆)이란 서체는 그 후 춘추 전국시대 때 진(秦) 나라를 중심으로 사용되어 왔다. 「설문해자」에서 구경할 수 있는 이 '대전'의 자형은 좌우가 대칭이고 자체가 아주 잘 정돈되어 있다.

그러나 전국(戰國) 시대(BC 403~221)로 들어오면 사회, 경제 및 문화의 발전에 따른 문자 사용의 수요는 더욱 증대한 반면에, 여러 제후들이 각 지역에 할거하여 세력다툼 하느라 전쟁이 빈번하게 일어나는 등의 정치적 혼란으로 인하여 각 나라마다 제멋대로 문자를 변형시켜 쓰거나

〈그림 5〉 주문의 일종인
석고문(石鼓文)

〈그림 6〉 진(秦) 역산의
각석(刻石)

새로 만들어 쓰는 일이 많아져서 각국이 문자로써 서로 교류하는 데 큰 불편이 따르게 되었다.

그리하여 전국 시대 말기에 천하를 통일한 진시황(秦始皇)은 이사(李斯)와 조고(趙高) 등에게 문자를 통일하도록 명령하였다(書同文字). 그래서 이사와 조고 등은 그때까지 진(秦) 나라에서 주로 써 왔던 '대전'을 모델로 삼고, 당시 각국에서 사용하고 있던 변형된 자체들을 참고하여 문자를 통일했는데, 이것을 '대전'(大篆)에 대비하여 '소전'(小篆)이라 불렀다.

이전 단계의 문자들, 즉 갑골문, 금문, 대전에 비하여 소전은 이제 완전히 통일된 자형과 선으로만 이루어진 부호로서의 문자로 완성되었는데, 이 소전을 이전 단계의 문자들과 비교해 보면 그 매끄러운 타원형의 모양 이외에도 다음과 같은 특징들이 있다.

① 각종 편방(부수자)의 형체가 확정되고,
② 각 자체 안에서 편방의 위치가 고정되고,
③ 편방의 종류 및 성질이 선정되고,
④ 각 자의 획수가 규정되어 있다.

322

〈그림 7〉 진시황의 조판(詔版)

이상과 같은 특징을 가진 통일된 문자, 즉 소전은 한자의 발전단계에서 고문자(古文字)의 최후단계가 되고, 또 허신(許愼)이 「설문해자」란 책에서 한자의 구성원리를 해석하는 데 규범적 글자체가 되었다. 그래서 그 후의 근대문자(예서·해서·행서)에서 고대문자로 소급해 올라가려는 경우 중간 다리 역할을 수행하고 있다. 즉, 소전체가 없는 경우에는 고대문자의 해독이 큰 어려움에 직면하게 된다.

4. 예서와 해서

일반적으로 한자학에서는 소전까지를 고문자(古文字)라 부르고 그 이후의 단계, 즉 예서(隷書) 이후를 근대문자(近代文字)라고 부른다. 진시황이 천하를 통일한 후 중앙집권적 정치체제와 행정체계를 구축하고, 그것의 효율적인 통치 및 관리를 문자로써 뒷받침하기 위하여 통일한 문자가 소전(小篆)이라는 것은 앞에서 이미 설명하였다.

그러나 소전(小篆)은 그 자형이 비록 일정한 원칙에 따라 통일되고 규격화되고 보기에도 아름답다고는 하나, 어떤 엄격한 격식이 요구되는 경우라면 몰라도, 일상 생활에서나 폭증하는 행정업무의 신속한 처리에는 부적합할 정도로 쓰는 데 많은 시간이 소요되었다.

그래서 일반 행정 실무에 종사하는 관리들에게는 쓰기 편리한 서체의 개발이 절실히 요구되었는데, 이때 정막(程邈)이란 사람이 정리하고 개

〈그림 8〉 해서체

발해낸 것이 예서(隸書)이다. 이 문자를 사용한 분야와 사람들은 주로 도예(徒隸), 즉 죄를 범하여 강제노역형을 선고받은 범죄자들을 관리하는 형리(刑吏)들이었기 때문에 이런 천한 이름이 붙게 되었다.

그러나 엄격히 말하자면, 예서의 성립은 소전의 탄생 이전으로 거슬러 올라갈 수 있다. 진(秦) 나라에서는 전국 시대부터 공인(工人)들이 물건을 만들면 그 위에 자기의 이름을 반드시 새겨 넣도록 제도화되어 있었는데(物勒工名), 즉 현대적 용어로는 "제조물 실명제"가 시행되고 있었는데, 그 시기에 만들어진 많은 기물들에서 발견되는 자형들은 대전이나 소전과는 확연히 다르고 예서에 가까운 자형들이 많이 발견되고 있기 때문이다.

이와 같은 과정을 거쳐 만들어진 예서는 진(秦) 말기 이후 한(漢) 나라 때까지 대표적인 서체로 사용되었으나, 동한(東漢) 말년에 이르러서는 예서에다 약간의 변형을 가하고 고친 새로운 형태의 문자가 쓰여지기 시작하였고, 위진(魏晋) 시대에 이르러서 이 새로운 서체는 완성되었다. 이것은 오른쪽 아래로 삐치는 것을 그 모양의 특징으로 하던 예서체를 고쳐서 단정하고 정형화된 형태로 고치고, 가로획은 수평, 세로획은 수직으로 하여 쓰기에도 편리하고, 미관상으로도 아름답게 되어서 사람들이 본받아 쓰는 서체의 본보기(楷模)가 되기에 충분하였다. 그래서 해서(楷書: 모범이 되는 글씨)란 이름으로 불려지게 되었는데, 당대(唐代) 이후에 나타난 수많은 뛰어난 서예가들이 즐겨 이 서체를 써서 그 아름다움을 드러낸 결과, 드디어 해서는 완성된 한자로 널리 인정을 받게 되고, 진서(眞書), 정서(正書) 등의 이름까지도 얻게 되었다.

해서체에 이르러 한자는 비로소 그 발전의 최고도에 달한 결과, 처음 쓰여지기 시작한 이후 지금까지의 약 1,800여년 동안 그 형체에 큰 변화 없이 그대로 유지되어 오고 있는 것이다.

5. 한자의 기본 구성원리

흔히 한자의 구성원리를 설명할 때는 육서(六書), 즉 상형자(象形字), 회의자(會意字), 지사자(指事字), 형성자(形聲字), 가차자(假借字), 전주(轉注) 등 여섯 가지를 들고 있지만, 한자 최초의 기본형태는 어디까지나 사물의 형태(形)를 본떠서(象) 그림으로 나타낸 상형자(象形字)이다.

그러나 사물의 형태를 본뜨는 방식만으로 만들 수 있는 한자는 그 수가 제한될 수밖에 없고 그 종류도 구체적인 사물의 명칭(名詞)에 국한된다. 이런 상형자에 해당하는 대표적인 것들은 자형의 구성단위를 더 이상 분해할 수 없는 독체자(獨體字), 즉 지금의 부수자(部首字)들이다.

(예: 日(일:해). 月(월:달). 人(인:사람). 目(목:눈). 手(수:손). 止(지:발). 木(목:나무). 雨(우:비). 水(수:물). 皿(명:그릇). 火(화:불). 弓(궁:활). 車(차:수레). 戈(과:창). 豕(시:돼지). 鳥(조:새). 女(녀:여자). 鹿(록:사슴). 羊(양:양). 牛(우:소) 등).

그러나 사람의 생각이나 어떤 개념을 완전히 표현하려면 이러한 명칭, 즉 명사만으로는 부족하고 동사도 있어야 하고 형용사, 부사 등도 있어야 한다. 하지만 이런 것은 단순히 어떤 사물을 본뜨는 방법만으로는 나타낼 수 없다. 이때는 그 동작이나 형태 또는 상태와 관련이 있는 어떤 사물의 모양, 즉 상형자를 부호로 쓰고 그것을 또 다른 내용과 관련이 있는 다른 상형자 부호와 결합하여 그 뜻을 나타낼 수밖에 없다. 그래서 이 것을, 마음속으로 나타내고자 하는 어떤 뜻을 본뜬 것이라고 해서 상의자 (象意字), 또는 두 개 이상의 뜻을 모아 놓은 것이란 뜻에서 회의자(會意 字)라고 부른다.

(예: **休**(휴:사람이 나무 아래에서 쉬다). **相**(상:눈으로 나무를 살펴 보다). **爲**(위:손으로 코끼리를 집고 일을 시키다). **采**(채:손으로 따 다). **兵**(병:손으로 무기를 잡다). **及**(급:손으로 앞서가는 사람을 붙 잡다). **步**(보:두 개의 발이 앞뒤로 놓여서 걸어가다). **涉**(섭:발로 물 을 건너다). **明**(명:해와 달이 있으니 밝다). **走**(주:사람(大)이 팔을 흔들면서 발(止)로 뛰어가다). **監**(감:사람이 그릇에 담긴 물 위에 얼 굴을 비쳐 보고(臣) 있다). **男**(남:밭(田)에서 힘들여 일하는(力) 사람 이니, 곧 남자이다). **買**(매: 조개(貝). 즉 재물을 그물질하고(皿) 있 으니 곧 돈을 주고 물건을 산다는 뜻이다). **好**(호:어머니(女)가 아기 (子)를 안고 있으니, 그 마음이 흐뭇하고 좋다) 등).

이처럼 회의는 두 가지 서로 다른 뜻의 상형자를 조합하여 완전히 새 로운 뜻의 단어(문자)를 만드는 것이지만, 그러나 이러한 방식으로는 끊 임없이 생겨나는 새로운 말이나 단어를 다 표현해 낼 수가 없다. 그리고 특히 그 형체가 없는 추상적인 개념이나 관념을 표현하기는 더욱 어렵다. 그래서 마음 속으로 표현하고자 하는 어떤 개념이 속해 있는 사물의 종류 를 나타내는 상형자를 빌려오고, 또한 이미 있는 어떤 상형자 중에서 같 은 소리를 가진 문자를 빌려와서는 그 둘을 결합시키는 방식으로 새로운 문자를 만드는 방법이 고안되었는데, 이것이 곧 형성자(形聲字)이다.

예컨대 "강"(江)의 경우, 우선 "강"은 물이 흘러가는 것이므로 "물"을 나타내는 상형자 "水"(→氵)를 빌려오고, 다시 단순히 "강"이란 소리를 나타내는 상형자 "工"(*"工"의 고대음은 "강"·"공" 등이었다)을 빌려와서 이 둘을 결합시키면 "江"(강:강물)이 된다.

이러한 방식으로 만드는 형성자가 출현함으로써 비로소 한자는 단순한 상형문자 또는 표의문자에서 표음문자(表音文字)로 발전하게 되고, 그 수도 급속히 증대될 수 있었다. 그리하여 현재 사용되고 있는 한자의 대부분은 형성자라고 해도 과언이 아닐 정도가 되었다.

여기서 뜻을 나타내는 "氵"를 의부(義符) 또는 형부(形符)라 하고, 소리를 나타내는 "工"을 소리부호, 즉 성부(聲符)라고 부른다. 이처럼 형성자는 반쪽은 뜻(形)을, 반쪽은 소리(聲)를 나타내는 자를 가리킨다.

(예: 河(하), 郊(교), 晚(만), 淺(천), 賤(천), 晴(청), 淸(청), 睛(정), 精(정), 情(정), 請(청) 등).

위에서 개략적으로 설명한 상형(象形), 회의(會意), 형성(形聲) 이 세 가지가 한자를 만드는 가장 기본적이고 핵심적인 방법이다. 이 외에 지사(指事)의 방법이 있지만 이것은 회의(會意)에 포함될 수 있고, 가차(假借)의 방법은 조자(造字)의 원리, 즉 문자를 만드는 원리가 아니다. 가차지란, 본래는 그 뜻을 나타내는 문자가 없는 경우에 음(音)이 같은 문자를 빌려와서 그 뜻을 대신 표현하는 것에 불과하다. 이것은 한자를 활용하는 한 가지 방법이지 새로운 문자를 만들어내는 방법은 아닌 것이다.

(예: 我(아), 爾(이), 而(이), 各(각), 舊(구), 新(신), 東(동), 西(서), 南(남), 北(북) 등과 英國(영국), 法國(법국), 美國(미국) 등의 외래어 이름).

저 자 후 기

　한글은 세계 최고의 표음문자(表音文字)이다. 우리 민족이 창조해 낸 것 중에 한글 이상 가는 것이 없고, 우리가 세계에 자랑할만한 것으로 한글 이상 가는 것은 결코 없다.

　한글은 자연의 소리를 비롯하여 인간이 오감(五感)으로 느낄 수 있는 섬세하고 다양한 감각들, 예컨대 소리, 맛, 냄새, 색깔 등에 관하여 가장 풍성하게 발달된 우리말을 적어 기록하는 데 조금도 불편함이 없는데, 이는 인류가 만들어 낸 문자 중에서 오직 한글만이 해낼 수 있다. 예컨대 "푸르다, 파랗다, 파르스름하다, 푸르딩딩하다. 새파랗다" ; "달다, 달콤하다, 달콤새콤하다, 달착하다, 달착지근하다" 등처럼 인간이 오감으로 지각(知覺)할 수 있는 감각을 그 극미(極微)한 차이까지 구분할 수 있는 말은 우리말뿐이고, 또한 그것을 너끈히 기록해 낼 수 있는 문자도 한글뿐인 것이다.

　뿐만 아니라 한글은 그 창조과정부터가 독특하다. 자기 나라 말에 적합한 문자를 만들어야겠다고 결심한 다수의 학자들이 과학적인 방식의 공동연구를 통하여 완벽한 형태로 개발해 낸 것이 한글이다. 인류 역사상 자기 나라 말에 가장 적합한 문자를 개발한 후 그것을 활자로 주조한 후 책을 만들어 세상에 선포하고 그 사용을 권장한 예가 한글 이외에 또 어디 있는가. 그 보고서가 바로「훈민정음」(訓民正音)인데, 이 훈민정음이야말로 인류 역사상 가장 소중한 보고서이자 전 인류의 문화유산이라 하겠다(*그러나 안타깝게도 우리나라에서는 훈민정음을 국보 70호 정도로 순위매김하고 있다. 마땅히 국보1호로 지정해야 한다).

다른 한편, 한자(漢字)는 인류가 만들어낸 후 지금까지 사용하고 있는 표의문자(表意文字) 중 가장 오래되고 훌륭하며 그 사용 인구도 가장 많은 문자이다. 시간적으로 한자보다 더 먼저 만들어진 문자들도 여럿 있지만 그들은 여러 가지 원인으로 이미 죽은 문자가 되어 버렸고, 한자만이 끊임없이 변모, 개량, 발전, 증식되어 오면서 문자(文字) 본래의 기능을 수행하고 있다.

상형자(象形字)를 기초로 만들어진 한자는 문자 하나하나가 독립된 의미, 즉 하나의 어휘(또는 단어)를 표현하고 있고, 게다가 다시 단어(文字)와 단어를 두세 문자의 조합 형태로 간결하게 표현할 수 있는 장점이 있다. 표음문자인 한글은 감각과 관련된 우리말의 다양한 어미(語尾) 변화를 충실히 표현해 내는 장점이 있지만, 표의문자인 한자는 복잡한 현상이나 추상적인 사상(思想) 등 다양한 개념(槪念)들을 압축하여 간결명료하게 표현할 수 있는 장점이 있는 것이다.

지금 지구상에는 수많은 국가와 민족들이 있지만, 한 민족이 동시에 세계 최고의 표음문자와 표의문자를 일상 문자생활에서 겸용할 수 있는 혜택은 우리 민족만이 누리고 있다. 비록 처음에는 중국에서 빌려와서 쓰기 시작하였지만, 우리 민족은 오랫 동안 한자로써 우리의 역사와 철학과 문화를 기록해 왔다. 그리하여 우리의 정신적, 문화적 유산은 절대 다수가 한자로 기록되고 보존되어 왔을 뿐만 아니라, 우리말도 그 80퍼센트 이상이 한자어(漢字語)로 되어 있다.

우리 민족의 문화와 언어 및 문자 환경이 이러하므로, 우리말의 온전한 이해와 사용을 위해서도 한자 학습은 필수적이다. 그러나 우리말 공부의 일환으로 배워둔 한자 2,000자(즉, 단어) 정도의 실력은 우리로 하여금 약간의 추가적인 노력만 기울이면 일본어로 쓰여진 책이나 중국어로 된 책을 읽고 이해할 수 있게 해 준다. 다시 말하면, 한자문화권에 속한 16억 인구의 지적, 정신적 생산물을 향유할 수 있게 해 주는 것이다.

만약 2,000자(단어) 정도의 한자를 제대로 이해하고 있는 사람이라면 한 달 정도의 일본문자 학습으로도 일본어 전문서적은 거의 대부분 이해할 수 있고, 만약 2,400자(단어) 정도의 한자를 이해하고 있는 사람이라면, 현재 중국에서 발행되는 신문, 잡지, 서적에서 쓰이는 한자의 99퍼센트를 해득(解得)할 수 있다. 중국의 신문, 잡지, 서적에 등장하는 한자(단어)의 99.9퍼센트까지 이해하려면 3,800자(단어) 정도는 알아야 되지만, 이것은 영어를 1만 단어 이상 외우고 영문법을 10년 가까이 배우고도 영어로 된 잡지나 책 한 권 제대로 읽을 수 없는 것과 비교하면 너무나 큰 차이가 난다.

한자(단어) 2,000개를 익힌 사람이 누릴 수 있는 혜택은 이것뿐만이 아니다. 만약 열흘 정도의 시간을 들여서 약간의 한문법만 추가로 배운다면 「논어(論語)」나 「맹자(孟子)」 등 동양의 고전들을 한문(漢文) 원문으로도 읽을 수 있다. 일반적으로 생각하는 것과는 달리, 「논어」에는 1,382자, 「맹자」에는 1,935자, 「서경(書經)」에는 1,941자, 「주역(周易)」에는 1,583자의 한자밖에 등장하지 않는다.

우리말의 80퍼센트 정도를 한자어가 차지하고 있는 현실에서, 우리말을 정확하게, 그것도 효과적으로 이해하기 위해서 하는 한자 학습의 효과는 기대밖으로 이처럼 크다. 그런데 어처구니 없게도 우리나라에서는 1970년부터 「한글전용」이란 어문(語文) 정책을 시행하면서 한자는 더 이상 학생들에게 가르치지도 배우지도 못하게 하였다. 그렇게 한 이유는, 첫째는 한자가 우리 민족이 만든 우리의 문자가 아니라는 것이고, 둘째는 한자는 배우기 어려운 문자라는 것이다.

첫번째 이유에 대해서는 반론을 제기하는 것 자체가 한심한 느낌이

들기 때문에 여기서는 생략하고, 두번째 이유에 대해서는 아직도 많은 사람들이 공감하고 있는 것 같으므로 잠시 언급해 두고자 한다.

한자를 익히기가 어려운 것은 잘못된 학습법 때문이다. 한자는 학습 방법만 옳으면 한글을 도저히 깨칠 수 없는 어린아이들도 충분히 배울 수 있다는 것을 필자는 자식들을 키우면서 직접 체험하였다.

아이들이 세 살 때쯤, 한글 가르치기를 포기한 후 문득 "한자라면……"하는 생각이 들었다. 그래서 종이 위에 엉성하게 산 모양(ᐱᐱ)을 그려놓고는 그것이 "산"의 모양임을 아이와 함께 확인한 후, 한자 "山"의 모양으로 변해가는 과정을 두세 개 더 그려서 보여주며 설명해 주었다. 전혀 뜻밖으로, 한글은 그렇게도 받아들여지지 않던 아이에게 한자가 스며들어가는 모습은 마치 스펀지가 물을 빨아들이는 것과 같았다.

집의 아이는 이런 방식으로 한자를 500자 정도 익히고 난 후에야 겨우 한글을 깨칠 수 있었는데, 그 이유는, 한글은 자음과 모음을 조립할 수 있는 논리적인 사고력이 갖추어져야 이해할 수 있지만, 한자는 그 뿌리가 그림이기 때문에 누구나 직관적으로 쉽게 받아들일 수 있기 때문이다. 이러한 이치를 분명히 인식하고 이런 바탕 위에서 한자를 가르친다면 더 이상 "한자는 배우기가 어려워서……"라는 말은 하지 않게 될 것이다.

한자와 관련해서 이러한 개인적인 체험을 가지고 있었지만, 그러나 필자가 한자 학습 방법에 대하여 구체적인 관심을 가지고 연구하기 시작한 것은 갑골문(甲骨文)과 금문(金文)을 공부하고 나서이다. 필자가 고문자(古文字)를 공부하게 된 동기는 「논어」나 「맹자」 등 동양의 고전들을 그것들이 처음 쓰여졌을 당시의 문자로써 해석해 보고 싶다는 생각에서였다. 사실 한자는 오랜 세월을 거치면서 그 형태(形)와 음(音)과 뜻(義)이 많이 변해 왔는데, 동양 고전들에 관한 수많은 주석서들은 모두 그것들이 쓰여졌던 당시의 자형과 뜻에 근거하지 않고 진시황이 천하를 통일한 후 문자를 통일하느라 많이 변형시킨 소전(小篆)이나 그 후의 예서(隸書) 또는 해서(楷書)에 근거하여 이루어진 것들이므로, 아무래도 본래의 뜻과는 거리가 먼 해석들이 적지 않을 것이라고 생각했던 것이다.

갑골문과 금문에 대한 관심은 자연히 중국의 고대사와 고대 유물들에 대한 관심으로 이어졌고, 그것은 다시 고대인들의 삶의 모습과 그들에 의해 만들어진 문자가 긴밀하게 연결되어 있고 서로 매우 닮아 있다는 사실을 절감할 수 있는 기회가 되었다. 이때쯤에야 비로소 본인은, 한자 학습은 한자가 최초로 만들어졌을 때의 자형과 현재의 자형 사이에 있는 중간의 변화과정을 생략할 게 아니라 다시 살려 보여줌으로써 더욱 쉽고 재미있어질 것이고, 그렇게 해야만 무작정 반복해서 쓰고 외우는 무미건조한 방식에서 탈피할 수 있을 것이며, 또한 문자의 변화를 소급해 가는 시간 여행을 통해서 고대인들의 삶과 생각까지 구경할 수 있고, 그러한 체험은 하나의 한자가 갖는 파생된 의미들까지 쉽게 파악할 수 있게 해 줄 것으로 확신하게 되었다. 뿐만 아니라, 한자의 암기를 돕기 위하여 동원되는 온갖 허무맹랑한 이야기들을 추방함으로써, 한자의 교습 및 학습이 가르치는 사람의 상상(想像)이나 이미 틀린 것으로 증명된 고대 허신(許信 : 「說文解字」의 저자) 씨의 상상에 의해서가 아니라, 역사과학에 근거해서 이루어질 수 있도록 바뀌어야 한다고 생각하게 되었다.

그러나 자형의 변화과정을 소급해 보여주는 방식만으로는 여전히 부족하다는 것을 중국 사회과학원의 이낙의(李樂毅) 교수가 쓰고 본인이 번역한 「한자정해(漢字正解)」를 통하여 확인하게 되었다. 효율적인 한자 학습을 위해서는 한자의 체계적인 분류 및 그에 기초한 순서매김이 변화과정의 소급 못지 않게 중요하다는 생각을 하게 되었다.

자형의 변화과정을 소급해서 보여주는 방식만의 한자 학습법은, 비유하자면, 농부가 사과를 따면서 바구니는 과수원 밖에 두고 맨손으로 들어가서 어느 한 나무에서 사과 한 알을 따 와서 바구니에 담고, 다시 과수원에 들어가서 다른 나무에서 또 한 알 따오고 하는 방식을 되풀이하는 것과 같다는 느낌을 지울 수가 없었다. 그렇게 해서야 어찌 능률이 오를 수 있겠는가? 그러면 어떻게 해야 하나?

여기서 본인이 착안해 낸 방법이 곧 이 책에 적용되어 있다. 우선 사과를 딸 나무의 순서를 정해 놓고(사람, 동물, 자연, 생산, 생활, 문화 등의 분류), 바구니를 사과나무 밑에까지 가지고 간 다음(자형의 변화과정을 갑골문자까지 소급해 가서), 한 나무의 같은 가지에 달려 있는 사과 중에서(그 뿌리가 밀접하게 관련된 한자들 중에서) 잘 익은 것부터 먼저 따고(자형이나 개념을 난이도에 따라 「단계」 구분하고), 한 나무에 달려 있는 잘 익은 것을 다 따고 나서 다른 나무로 옮겨간다(사람의 신체→얼굴→손→발→동물→천기→자연… 등). 특히 중요한 것은 과수원 입구 가까이에 있는 나무부터 따기 시작한다(항상 사람과 일상 생활을 중심에 놓는다)는 것이다. 이렇게 할 때 비로소 사과 따기는 힘도 덜 들고 재미도 있고 능률도 오를 것이다. 이는 연암(燕岩) 선생이나 다산(茶山) 선생께서도 이미 옛날에 언급하신 적이 있는 한자학습 방식과 비슷한 것이다.

이런 방식을 기초로 하여 선정된 한자 하나하나에 고유번호를 매기고, 다시 한 글자씩 정확하게 설명하기 위해서 1899년 갑골문자가 처음 발견된 이후 지난 1세기 동안 중국과 일본의 저명한 고문학자들의 연구성과를 빠짐없이 검토한 후 자형과 본래의 뜻을 설명하였다. 이렇게 한 것은 과학적인 근거가 있는 가장 정확한 해석을 한국의 독자들에게 보여주고 싶은 마음에서였다. 한자를 처음 만든 사람이 보고 그렸을 대상이나 생각을 최대한 정확하게 현대적 감각으로 형상화해 내기 위하여 많은 수고를 해 준 김태란 씨에게 감사드린다. 그림을 정확하게 잘 그려서 배우는 사람이 한자 하나에 1분간씩만 시간절약할 수 있다면, 그리고 이 책으로 한자를 공부할 사람이 백만명이라고 가정하면, 김태란(金泰蘭) 씨가 하루 종일 걸려서 그림 한 장을 그리더라도 그것은 국가 전체적으로 1,000,000분(＝17,000시간＝2,000노동일/人)을 절약해 주는 셈이 된다는 계산법을 근거로 지독히도 까다롭게 주문하였는데, 본인의 뜻을 이해하고 최선을 다해 주어서 고맙게 생각한다.

한자 학습에 지루함을 덜고 또한 한자 실력과 함께 지혜를 기를 수 있도록 하기 위하여 한자를 10자 배울 때마다 그와 관련된 고사성어(故事成語) 이야기 한 마당씩을 넣기로 하였는데, 이 일은 편집부의 이윤희(李允姬) 씨와 김이경(金利璟) 씨가 그 선택에서 번역까지를 맡아 해 주었다. 한자를 배우면서 응용란에 있는 한두 마디의 한문 문장과 함께 이 고사성어 이야기가 이 책의 독자들에게 "지혜의 샘"이 되기를 기대해 본다. 이윤희 씨와 김이경 씨는 이밖에도 이 책을 만드는 전 과정에 걸쳐 필자와 똑같은 정도로 수고를 해 주었는데, 이 자리를 빌어 다시 한 번 고마움을 표시한다.

끝으로, 이 일에 매달리느라 몇 가지 일에 대해서는 어느 정도 소홀할 수밖에 없었던 점을 인정하고 관련된 모든 분들에게 사과드린다. 그리고 아무쪼록 이 책이 많은 국민들의 한자 실력 배양과, 나아가서 국민들의 독서 능력의 향상에 기여할 수 있기를 기원한다. IMF의 구제금융으로 겨우 국가부도 위기를 모면한 지금의 국민적 시련과 경제적 위기를 극복할 수 있는 유일한 길은 "독서하는 국민"이 되는 수밖에 달리 길이 없다고 본인은 굳게 믿고 있음을 밝혀 둔다.

1997. 12.
저 자

저자 박 기 봉(朴琪鳳) 약력

경북고등학교 졸업(1966)
서울상대 경제학과 졸업(1970)
비봉출판사 대표(現)
한국출판협동조합 이사장(前)

〈저서〉
214 한자 부수자 해설(1995)

〈역서〉
孟子(1992) / 漢字正解(1994)
교양으로 읽는 논어(2000) / 교양으로 읽는 맹자(2001)
성경과 대비해 읽는 코란(2001) / 을지문덕전(2006)
충무공 이순신 전서 전4권(2006) / 조선상고사(2006)
조선상고문화사(2007) / 삼국연의(2014)

뿌리를 찾아 원리를 이해하는
비봉 한자 학습법 (제1권)

초 판 1쇄 발행 | 1998년 1월 20일
개정판 2쇄 발행 | 2021년 4월 10일

저 자 | 朴琪鳳
발행인 | 朴琪鳳
발행처 | 비봉출판사
주 소 | 서울 금천구 가산디지털2로 98, 2-808(가산동, IT캐슬)
전 화 | (02)2082-7444
팩 스 | (02)2082-7449
E-mail | bbongbooks@hanmail.net
등록번호 | 2007-43 (1980년 5월 23일)
ISBN | 978-89-376-0365-5 04700
        978-89-376-0364-8 (전2권)

값 10,000원

舟	舌	至	自	臣	聿	耳	老	羽	羊

豕	豆	谷	言	見	衣	行	血	虎	草

門	長	酉	辰	辛	車	身	足	赤	貝